列島縦断「幻の名城」を訪ねて

山名美和子

Yamana Miwako

a pilot of wisdom

はじめに

城は攻防の砦《とりで》である。戦国動乱の時代、城を舞台に幾多の戦いがくりひろげられ、勝者と敗者を生み、次第に姿を変えていく。やがて数百年の歳月が過ぎ、たくさんのドラマを秘めたまま、草木に埋もれ、土に覆われ、開発の波にさらされ、城址《じょうし》は朽ち果てていった。

しかし、本書がたどるのは、むなしい廃墟ではない。たとえ戦の炎で焼き尽くされたとしても、城跡にたたずめば、そこに存在した城郭がありありと浮かびあがる。古城をたどって戦国武将や中世豪族の軌跡を追い、埋もれた秘話を探訪し、悠久の時の流れに刻まれた歴史の断片に迫っていきたい。

どのページから読んでいただいてもいい。故郷の城址、訪ねてみたい城跡、旅の途中で出合った城、気になっていた城など、名将の息づかいがこだまし、命のせめぎあいさえ響いてくる舞台をたどってみよう。城は歴史のなかではなく、時空を超えて身近にあることに気づく。巻末に用語の解説もあるので、折々に開いていただければ何よりである。

城をイメージするとき、堀や石垣があり、御殿が甍《いらか》を連ね、天守がそびえる、そんな姿を描くのではないだろうか。しかし、中世から江戸時代までに築かれた城の多くは、いまはない。戦乱や災害で失われ、江戸初期の「一国一城令」では、全国で三〇〇〇あった城が一七〇に激減した。

さらに、明治を迎え不要になった城は、「廃城令」によって破却され、あるいは売却されて姿を消し、吹き渡る風に石垣や堀跡をさらすのみとなった。

だが、建物はなくても、爛漫《らんまん》の春、緑陰や紅葉、雪景色と、城址は季節によりさまざまな情景を映しだし、栄華を誇った威容を偲《しの》ばせる。苔《こけ》むした石垣、草木に覆われた土塁の高まり、樹木に埋もれた堀跡、屹立《きつりつ》する巨岩の城門跡、これらに出合うと、まるで発見者になったような興奮を覚える。

天守についていえば、江戸時代までのあいだに築かれた天守で残っているものは、全国でわずか一二基にすぎない。国宝に指定されている松本城、犬山城、彦根城、姫路城、松江城の五基。それに加え、重要文化財になっている弘前城、丸岡城、備中松山城、丸亀城、宇和島城、高知城の七基を数えるのみ。権威のシンボル、戦の砦、望楼の役目を担った天守。その高みに立って彼方を望めば、武将の描いた壮大な夢や理想、勝ち戦への野望といった素顔が見えてくる。

これらの国宝や世界遺産の城、御殿や櫓《やぐら》がみごとに再興された城への旅もいい。だが、戦や風雨にさらされながらも遺構を残す城跡は、かぎりない夢想をかきたてる。いまは幻と潰《つい》えた城を、北は北海道から南は沖縄へと訪ね、そこに生き、戦い、生を終えた人びとの息吹きを探して歩いた。

武将たちが甲冑を鳴らして闊歩《かっぽ》した曲輪《くるわ》跡、敵襲を阻んでそびえる石垣や土塁、草木の生い茂る大堀切、点在する建物の礎石、こうした遺構の数々は、生と死を懸けた戦国の英知や勇気、そして悲哀さえも多弁に語りかけ、現代に生きる者を魅了し、圧倒し、やがて郷愁に誘いこむ。そんな城址「幻の名城」へ、いざ散策に出かけようではありませんか。

目次

はじめに —— 3
「幻の名城」地図 —— 14
第一章　これぞ幻の名城——石垣と土塁が語る戦いと栄華の址—— 17
［西日本編］
安土城
近江　坂本城
小谷城
一乗谷館
信貴山城
大和郡山城
竹田城

［東日本編］
春日山城
躑躅ヶ崎館
新府城
興国寺城
石垣山城
小田原城
金山城
箕輪城
高遠城
九戸城

第二章　大東京で探す「幻の名城」―― 89

江戸城
武蔵国から東京への大変貌のなかで

平塚城（豊島城）
石神井城
練馬城
渋谷城と金王八幡宮
世田谷城と豪徳寺
奥沢城と九品仏浄真寺
深大寺城と深大寺
滝山城
八王子城
コラム　桜の名所　城址公園ベスト5

第三章　櫓や石垣、堀の向こうに在りし日の雄姿が浮かぶ————131

金沢城
上田城
福岡城

津和野城
女城主　井伊直虎ゆかりの城
井伊谷城
松岡城
コラム　「荒城の月」の城はどこか

第四章　再建、再興された天守や館に往時を偲ぶ――157

五稜郭
会津若松城
松前城
伏見城
忍城
コラム　観光天守はなぜ造られるのか

第五章　古城の風格をいまに伝える名城——187
弘前城
丸岡城
備中松山城
第六章　北の砦チャシ、南の城グスクの歴史——201
アイヌにとっての砦チャシ
シベチャリチャシ
ヲンネモトチャシ
首里城
今帰仁城
中城城
座喜味城
勝連城

コラム　高さ、美しさを競う「石垣」ベスト5

巻末資料　日本の「城」とは何か　227
こうして城は造られ、使われ、そして滅んでいった
城をより深く理解するための基礎用語

あとがき　249

参考資料　253

写真提供　254

企画・構成　谷村和典（編集工房・鯛夢）
編集協力　加藤真理

●「幻の名城」地図

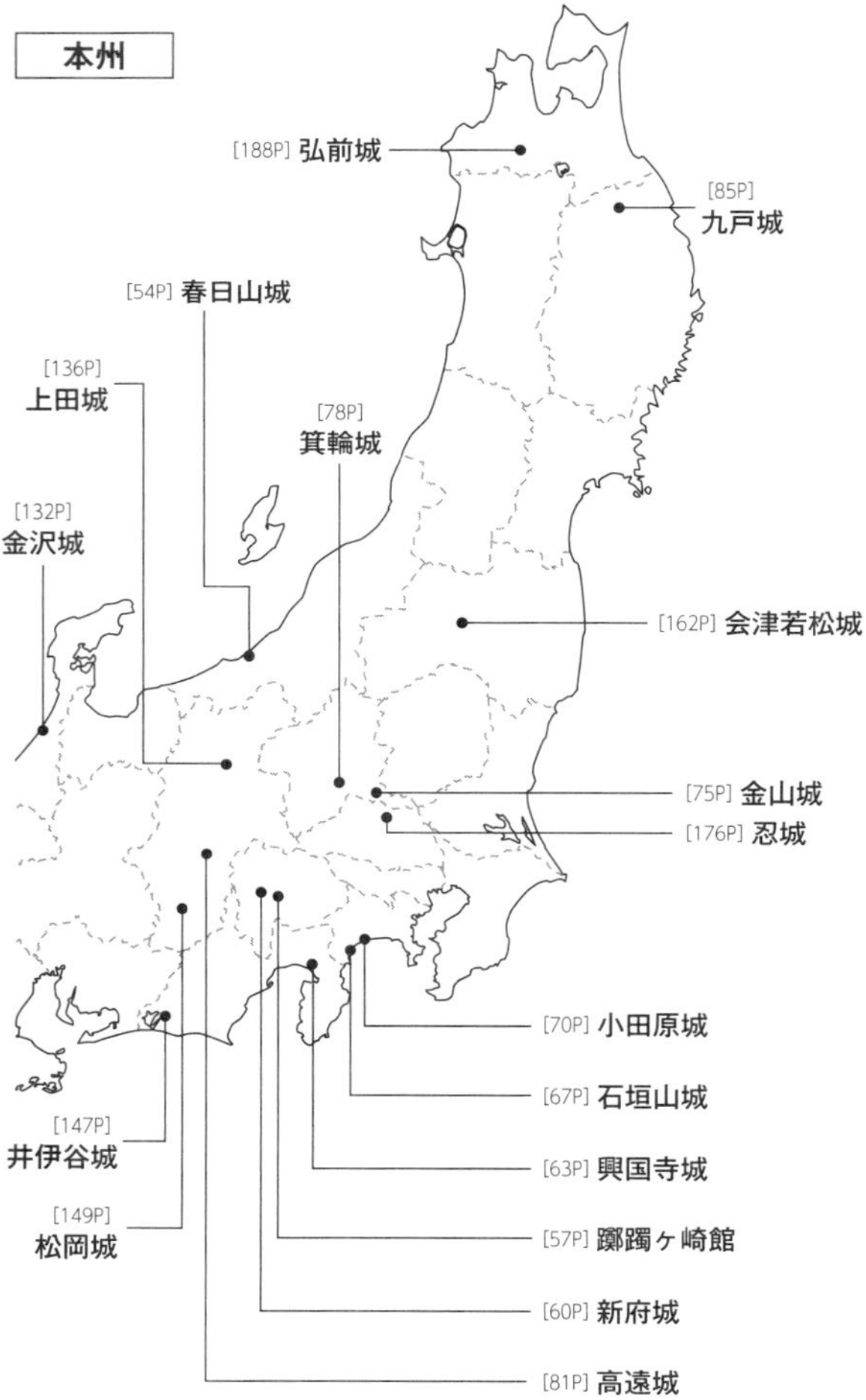

本州
[188P] 弘前城
[85P] 九戸城
[54P] 春日山城
[136P] 上田城
[78P] 箕輪城
[132P] 金沢城
[162P] 会津若松城
[75P] 金山城
[176P] 忍城
[70P] 小田原城
[67P] 石垣山城
[147P] 井伊谷城
[63P] 興国寺城
[149P] 松岡城
[57P] 躑躅ヶ崎館
[60P] 新府城
[81P] 高遠城

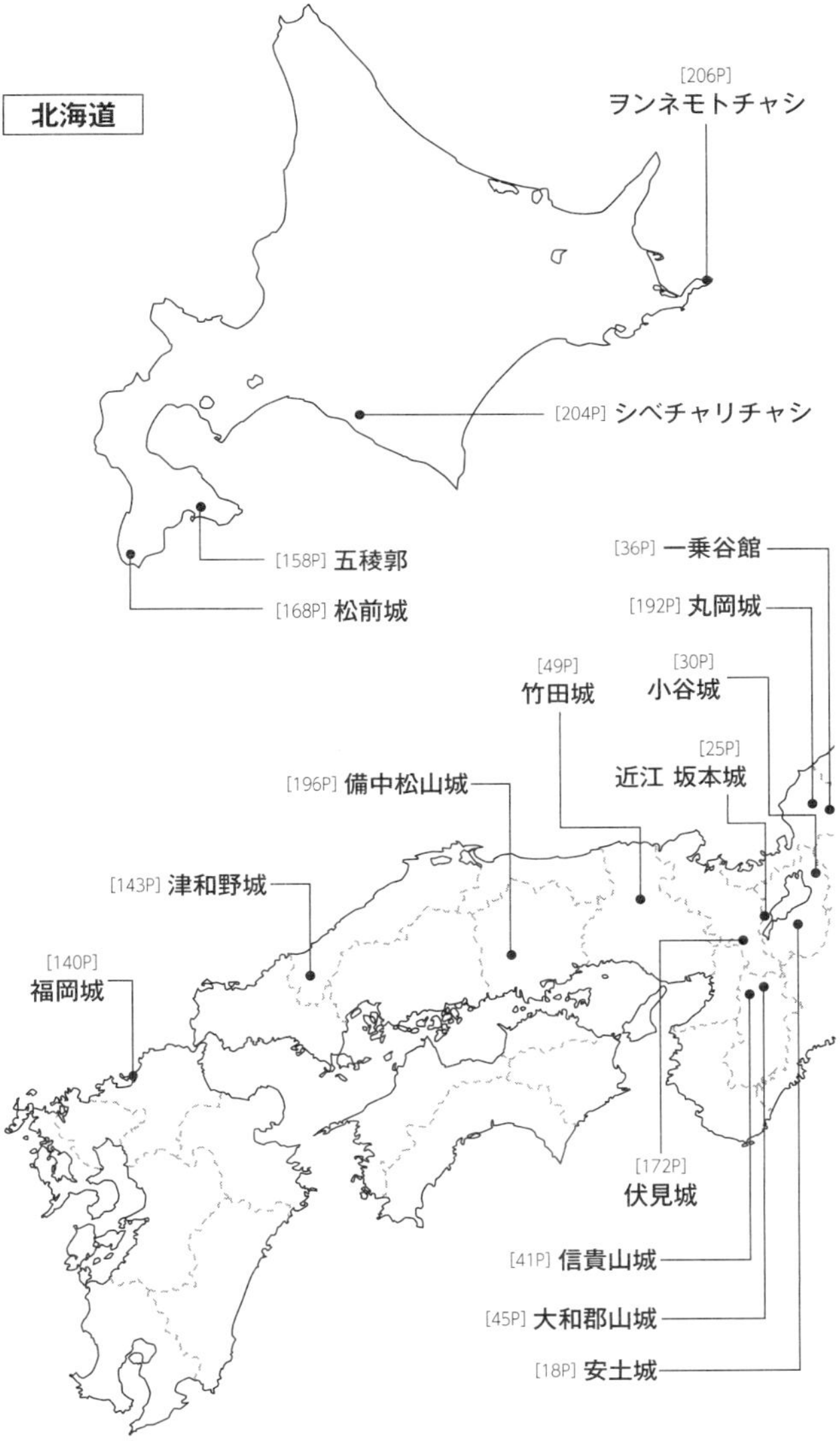
北海道
[206P] ヲンネモトチャシ
[204P] シベチャリチャシ
[158P] 五稜郭
[168P] 松前城
[36P] 一乗谷館
[192P] 丸岡城
[49P] 竹田城
[30P] 小谷城
[25P] 近江 坂本城
[196P] 備中松山城
[143P] 津和野城
[140P] 福岡城
[172P] 伏見城
[41P] 信貴山城
[45P] 大和郡山城
[18P] 安土城

東京都

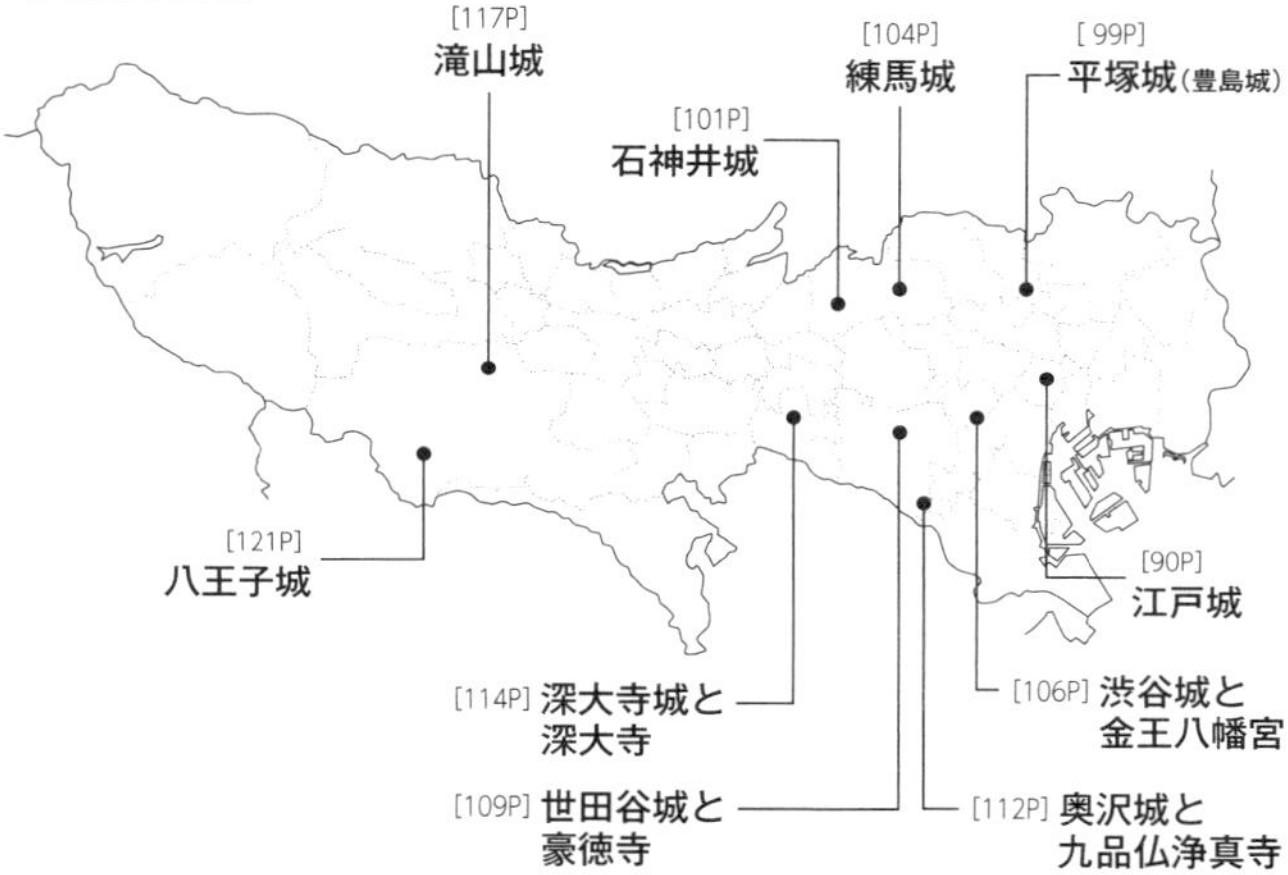
[117P]
滝山城
[104P]
練馬城
[99P]
平塚城（豊島城）
[101P]
石神井城
[121P]
八王子城
[90P]
江戸城
[114P] 深大寺城と
深大寺
[106P] 渋谷城と
金王八幡宮
[109P] 世田谷城と
豪徳寺
[112P] 奥沢城と
九品仏浄真寺

沖縄県

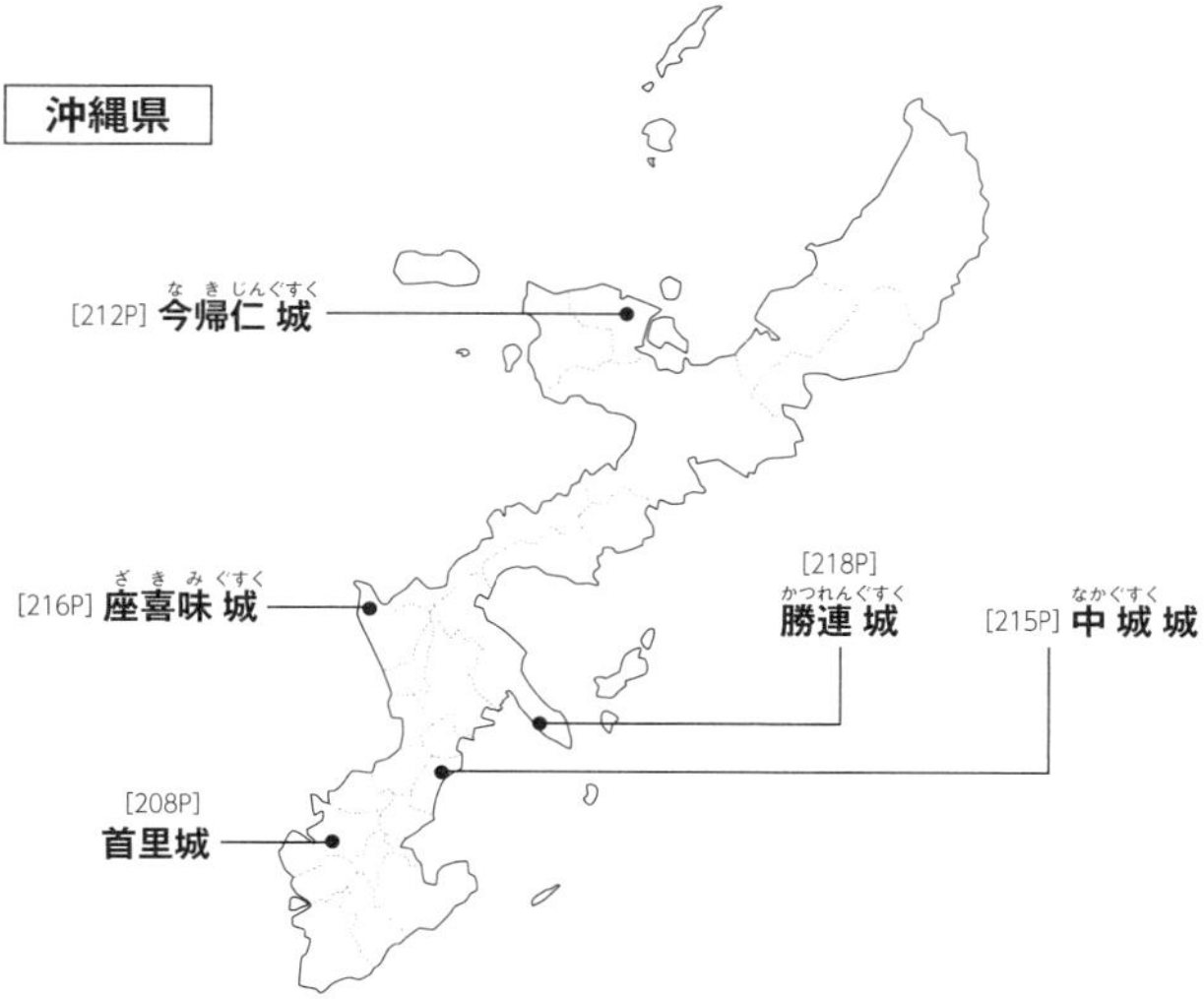
[212P] 今帰仁《なきじん》 城《ぐすく》
[216P] 座喜味《ざきみ》 城《ぐすく》
[218P]
勝連《かつれん》 城《ぐすく》
[215P] 中《なか》 城《ぐすく》 城
[208P]
首里城

第一章　これぞ幻の名城——石垣と土塁が語る戦いと栄華の址《あと》

［西日本編］

安土城

三年で幻となった天下人・信長《のぶなが》の巨大城址《じょうし》

炎上のあと長い眠りについた城跡

「天下布武《てんかふぶ》」へ着実に前進する織田信長が築いた安土城《あづちじょう》。琵琶湖畔《びわこはん》の山上にそそり立つ巨大城郭の壮麗さ、奇抜な構想、築城技術の粋は、城の主が天下人であることを人びとに知らしめた。『信長公記《しんちょうこうき》』（信長家臣・太田牛一《おおたぎゅういち》著）はいう。安土の山は深く広くして、城の建物が光り輝いている。眼下には湖水が満々とし、遠く比良《ひら》や比叡《ひえい》の山並みが望まれると。

だが、完成からわずか三年後の一五八二年（天正一〇）、天下統一を目の前にした信長は本能寺の変で非業の最期をとげ、安土城は何者かが放った火によって炎上。天守や本丸御殿は紅蓮《ぐれん》の炎に包まれ、豪華絢爛《けんらん》な城は一部を残して焼け落ちた。城も、にぎわい華やいだ城下町も、信長とともに夢幻のごとく消え、二年後、羽柴（豊臣）秀吉は廃城とした。その翌年、秀吉は

復元された安土城大手道。山麓から山腹まで直線的な石段が100m以上続く

八幡山城《はちまんやまじょう》を築くため、安土城の残存建物と城下町を近江八幡《おうみはちまん》に移す。

城址の全容はいまだ解明されていない。多くの謎に包まれた安土城こそ、まさに「幻の名城」である。栄枯盛衰の過酷《かこく》さ、はかなさを思えばこそ、安土城は人びとを惹《ひ》きつける。

一六〇〇年（慶長五）、関ヶ原の戦い後、江戸幕府は大坂方の利用を防ごうと、残された石垣の一部を崩して埋めた。江戸時代、一帯は信長が城内に建立した摠見寺《そうけんじ》の寺領になり、城址は信長の菩《ぼ》提《だい》を弔う聖なる場所とみなされ、地に埋もれ長い眠りにつく。

一九四〇年（昭和一五）に天主台、翌年には本丸跡が発掘され、一九五二年（昭和二七）、城址は国の特別史跡に指定される。城址は少しずつ姿を

山頂を削り高石垣で囲った天主跡。当時の常識を超える不等辺八角形の基礎部分が分かる

あらわし、一九八九年（平成元）から行われた調査発掘事業は平成二一年に終了したが、調査されたのは史跡面積の二割ほどにすぎない。

城址には大手口から入城できる。まっすぐに一〇〇m以上にわたってのびる大手道は幅六m、両側に一m幅の溝も刻まれ、ここに立っただけで、早くも信長の城の威容に驚嘆する。

石垣は自然石を積み、その隙間に小石をはめこんだ野面積《のづらづみ》や、石の接合面を打ち欠いた打込接《うちこみはぎ》が見られ、その力にあふれた素朴さは石垣ファン、城郭ファンを魅了してやまない。早春の風は冷たいが、触れれば陽《ひ》のぬくもりが伝わってくる。耳を澄ますと、この巨大な道に押し寄せた人びとのさんざめきさえ聞こえるようだ。信長は諸国に触れを出し、男女を問わず城と御殿を見物することを許した。

城の虎口《こぐち》といえば、枡形門《ますがたもん》や食違門《くいちがいもん》を設け、登城路は曲がりくねり、敵襲をさえぎる構造が多い。安土城の他の道には枡形門も見られるが、表門である大手口は真一文字に城内へ導く。信長は何ものをもおそれなかったのだと、その自信のほどに圧倒される。

大手道の急な石段を、石垣に目をやりながら、一段、一段と登り、次の段に足をおろそうとして、あとずさった。石仏《せきぶつ》が石段に組みこまれているではないか。仏像を踏むなんて、とてもできることではない。よく見ていれば「石仏」の表示もあったのだが、うっかり踏まずによかったと胸をなでおろし合掌する。信長は無神論者ではなかったか。それゆえ像を踏みつけさせようとしたのだろうか。石段には石仏が複数ある。築城のとき石材が不足し近隣の石仏、墓石、石塔を集めたからだという説もある。ならば、踏まれにくい場所に置くことだってできたであろう。人柱の代わりともいうが、理由は分かっていない。

羽柴秀吉や徳川家康など重臣の屋敷跡を過ぎ、息を切らせて仰げば、前方の木立は安土城の中心部、かつて天主がそびえていた。

二の丸下の黒金門《くろがねもん》のあたりまで来ると、石垣は上へ上へと折り重なる。安土城は石垣の城であったと、改めて思い知る。本丸御殿は天皇行幸《ぎょうこう》を迎える「御幸《みゆき》の御間《おんま》」であったとされる。

当時の京都御所清涼殿《せいりょうでん》に匹敵するほどの規模だという。

安土城の焼失前の姿は、来日していた宣教師ルイス・フロイスが残した記録『日本史』によって、あらましを知ることができる。

豪華で華麗な天守に起居した信長

信長が巨大城郭の建築に取りかかったのは、長篠《ながしの》の合戦で宿敵・武田勝頼《たけだかつより》を破った翌年、一五七六年（天正四）一月のことである。琵琶湖に岬のように突きだした安土山に目をつけて築城を開始。翌年、城郭はほぼ出来あがり、二年後には天主が完成した。城下町も整備され、楽市楽座（商人の自由な営業）を発布して通商の発展をはかり、城下は商工業者でにぎわうようになる。

城郭史上初めて高い石垣を築き、五重六階の超高層の天主をあげ、その周りに豪華な御殿をならべた。天主中央の大重量を支えるため、中心部地下に穴倉を設け、礎石を敷くという基礎構造が考えだされた。

一階から三階の柱は黒漆塗り、襖《ふすま》や壁に狩野永徳《かのうえいとく》の画が描かれた多くの部屋が連なる。四階には茶室が置かれ、五階は八角形で、朱塗りの柱、壁に彫刻をほどこす絢爛このうえないものであった。最上階の六階は金色に輝き、屋根の上には城郭建築では初の鯱瓦《しゃちがわら》があげられた。他の城で天守は、望楼や武器庫、食糧の備蓄場所に用いられるのがふつうだったが、信長はここに居住したといわれる。

5重6階、内装も贅を凝らした超高層建築の天主模型（安土城資料館）

石垣、超高層建築、天主の基礎など、建築の難しさ、そして豪華華麗さと、日本人が初めて経験するものばかりであった。これまで寺院建築、つまり聖なる領域に用いられた様式を、信長は権威の象徴として華麗に豪華に巨大に装飾し、自らの起居の場としたのである。天にのび、燦然《さんぜん》と輝く天主の直下に天皇行幸の御殿をしつらえた信長は、天皇の権威を仰ごうとしたのだろうか、または、天皇を超える権威を手にしようとしたのであろうか。

　本丸跡や天主跡には点々とならぶ礎石が見られる。きらびやかに輝いて世を圧した建物群が、この場所に甍《いらか》を連ねていたのだと想像がふくらむ。そしてまた、あっけなく潰《つい》えた信長の大望のはかなさに、無常を思わされる。（国指定特別史跡）

アクセス　ＪＲ東海道本線（琵琶湖線）安土駅から大手口まで徒歩二五分／滋賀県立安土城考古博物館・安土城天主信長の館（文芸の郷内）へは安土駅から徒歩二五分、大手口から徒歩一〇分

琵琶湖の汀《みぎわ》に残る明智《あけち》の夢の跡

近江　坂本城

安土城に次ぐ名城として

琵琶湖のほとりに早春の雪が降りしきっていた。湖面は灰色に波立ち、岸辺の枯れ葦《あし》が強い風になびく。波が寄せては引く水辺に、わずかに二、三段の石組が連なる。琵琶湖の水位が下がったときにだけ見られるという。

このささやかな遺構が明智光秀の居城・坂本城《さかもとじょう》の石垣跡であった。一帯は坂本城址と言い伝えられていたが、発掘調査は一九七九年（昭和五四）になってからのこと。この石垣が姿をあらわし、坂本城址であるとの確認にいたった。

光秀の出生地や家柄、前半生は、いまも謎のままだ。本能寺の変を引き起こした「反逆者」、その「悪行」のため、多くの史料が隠され、捨て去られたといわれる。坂本城址もまた、ながらく調査されることはなかったのだ。

発掘で、厚さ一〇㎝から三〇㎝の焼土層が発見された。光秀があえない最期を遂げたと知っ

ルイス・フロイスが絶賛した坂本城。いまは琵琶湖の岸辺にわずかな石垣石のみを残す

た明智秀満《ひでみつ》（光秀の重臣）が天守に火を放ち、光秀の妻子とともに自刃したときのものとされる。本丸跡からは、建物の礎石四棟分、石組井戸、その周辺に散らばる大量の瓦・壺《つぼ》・甕《かめ》・鉢・茶碗などのかけら、中国から輸入されたであろう青磁や白磁片、銭貨・鏡・刀装具といった高価な遺物が出土した。

一五七一年（元亀二）九月、信長は比叡山《ひえいざん》焼き討ちのあと光秀に近江滋賀郡を与え、築城を命じた。比叡山延暦寺《えんりやくじ》の監視と琵琶湖の制水権を確保するためだといわれる。

坂本城は、贅《ぜい》のかぎりをつくした城であった。姫路城のように大天守と小天守を持っていた可能性もあるという。坂本城は安土城より四年早く着工されたので、天守が構築されていたとすれば、近世城郭として先駆的なものであったといえよう。

日本に滞在していたイエズス会の宣教師ルイス・フロイスは『日本史』に、「信長が安土山に建てたものにつぎ、この明智の城ほど有名なものは天下にないほどであった」と、安土城につぐ名城であるという印象を述べている。

湖水を利用した「水城《みずじろ》」

琵琶湖に面して本丸が築かれ、その陸側に奥二の丸、二の丸、三の丸を構え、それぞれの郭《くるわ》を囲む堀が掘られていた。

城内には琵琶湖の水が引き入れられており、坂本城と安土城のあいだを、城内から直接船で往来した。建物が湖に接し、湖水を防御や水運に利用する「水城」形式であったことが分かる。

坂本城を築いてからおよそ一〇年後の一五八二年（天正一〇）六月二日、光秀は中国攻めに向かわず、本能寺に滞在している信長を急襲して自刃させた。だが、六月一三日、山崎の戦いで羽柴秀吉に敗れ、坂本をめざす途中、山城国小栗栖《おぐるす》（京都市伏見区）あたりで落ち武者狩りの手にかかり落命したと伝えられる。

安土城にいた重臣の明智秀満は、急遽《きゅうきょ》、船で坂本城に馳《は》せ参じ、天守に火を放って一族もろとも果てた。城を枕に討死し、遺骸や遺物を残さないのは敗将の常とはいえ、光秀の妻子、わが妻子など、炎に包まれゆく女人や子どもたちの死出の旅にどれほど悲哀を噛《か》みしめたことだろう。だが、秀満は自刃の前に光秀秘蔵の名物・財宝を目録を添えて敵勢に渡していた。「これらは天下の宝物。私物化してはならない」と。文化人光秀の思いを理解していたのだ。光秀の妻・煕子《ひろこ》も、すべての金銀を家臣の家族に分け与え、落ちのびさせたという。

栄華を極めた名城は無念の炎を燃えあがらせて消え去った。数個の石垣石だけを残す城址の水辺にたたずめば、一族の絆《きずな》、誇りや情けがさざ波のように胸に寄せ来る。

その後、秀吉は丹羽長秀《にわながひで》に坂本城を再建させ、柴田勝家《しばたかついえ》を滅ぼした賤ヶ岳《しずがたけ》の戦いの際の軍事基地とした。一五八六年（天正一四）、秀吉は大津城《おおつじょう》を築城し、坂本城を廃城。建物は資材として大津城の建築に利用された。

明智が妻のはなしせむ

明智光秀と妻・煕子、一族の墓所は、比叡山の東麓《とうろく》、坂本の北西の高台に建つ天台真盛宗《てんだいしんせいしゅう》総本山の西教寺《さいきょうじ》にいとなまれている。総門は坂本城の城門を移築したものだという。

墓所の一角に芭蕉《ばしょう》の句碑が建つ。

月さびよ　明智が妻の　はなしせむ

明智が滅びてほぼ一世紀が過ぎたころ、俳人松尾芭蕉は『おくのほそ道』の旅の途中、越前で称念寺に宿を借り、門前に仮住まいしていた光秀夫妻の逸話を聞き知った。

新婚まもなく、美濃《みの》の斉藤道三《さいとうどうさん》が子の義龍《よしたつ》に討たれ、道三派とみなされた光秀は越前へ逃れる。光秀は身重の妻を背負って峠道を越えた。家臣が代わろうとしても、光秀は譲らなかったと伝えられる。越前の朝倉義景《あさくらよしかげ》に仕えはじめたころ、光秀宅で連歌《れんが》の会を催すことになった。暮らし向きは苦しかったが熙子はみごとな品々を用意し、光秀は面目をほどこしたのである。熙子が豊かな黒髪を売って費用にあてたと知った光秀は、深く胸打たれたという。熙子の黒髪の美談は芭蕉によって世に広まり、物語にも描かれて評判になった。

西教寺の一角に建つ、熙子を詠んだ芭蕉の句碑

　光秀が本能寺の変を引き起こした真意はいまもって不明である。だが、当代一の文化人でもあった光秀の教養や情のこまやかさ、けなげな

熙子との睦《むつ》まじさに思いを馳せるとき、「謀反」を企図した心の奥底に、この優しさが脈々と流れていたのではないか。そう思いたいのは、明智贔屓《びいき》に過ぎるだろうか。

アクセス　ＪＲ湖西線比叡山坂本駅より徒歩約二〇分／京阪電気鉄道石山坂本線松ノ馬場駅より徒歩約一五分／西大津バイパス滋賀里ランプより国道一六一号

戦国を代表する山城

小谷城

浅井《あざい》三代とお市《いち》、茶々《ちゃちゃ》の城

小谷城《おだにじょう》を訪ねたのは、好天にめぐまれた秋のことだった。豊かに実った田が広がる麓《ふもと》から、城の築かれた小谷山を仰ぐ。最高峰は標高四九五ｍの大嶽《おおずく》、その手前のなだらかな尾根に戦国の大要塞《ようさい》・小谷城の曲輪《くるわ》が連なる。城主浅井長政《ながまさ》に嫁いだ織田信長の妹・お市の方、その娘・茶々、お初《はつ》、お江《ごう》に思いを馳せずにはいられない。動乱に翻弄《ほんろう》された女たちは悲哀のかぎりを味わいつくし、歴史に名を残した。

小谷城は北近江の浅井亮政《すけまさ》・久政《ひさまさ》・長政三代の居城で、築城は一五二四年（大永四）ごろと推定される。

城址への道は、城郭の南麓、小谷寺《おだにじ》側から尾根伝いに行く「大手道」と、尾根の西、小谷城戦国歴史資料館（二〇〇七年開館）から清水谷《きよみずだに》に沿う「搦手道《からめてみち》」の二つがある。山城への登山なので、身支度、足ごしらえを十分に整えておかねばならない。熊鈴の用意も必要だという。

後者の搦手道をたどるとすると、清水谷の入口から山頂までは二kmほど。資料館の先の草原にまっすぐな小道がのび、やがて急な登り道になり尾根に出る。清水谷には、お市の方と子らが平時に暮らした「御屋敷」があり、浅井家重臣の武家屋敷が建ちならんでいた。信長軍は、この道から本丸を急襲し、浅井氏を自刃に追いこんだ。

左に朝倉氏が築城した大嶽城址、右へ行くと六カ寺が建っていたという六坊《ろくぼう》跡を経て城郭最高地の山王丸《さんのうまる》にいたる。

尾根上に曲輪が一列にならぶ連郭式《れんかくしき》の縄張で、山王丸の標高は大嶽より一〇〇m低い。さら

麓から１時間、桜馬場には自刃した浅井氏と家臣の供養塔がひっそりと建つ

に本丸へと尾根沿いに下っていく。

もう一つのルート、大手道をたどる前に、少し足をのばし、麓の出丸に近い浅井氏の祈願寺・小谷寺に詣《もう》でる。枸杞《くこ》が赤い実をつける小道の奥、森のなかにひっそりと堂宇がしずまっていた。寺は小谷城落城のときに焼失したが、長浜城主《ながはまじょうしゅ》となった秀吉によってほどなく再建された。淀殿《よどどの》（茶々）が寄贈したという長政像や多くの寺宝を伝える。

浅井の娘としての誇りを失わないようにと、妹のお初やお江に、いつも言い聞かせていたという淀殿。小谷寺の静寂なたたずまいに、滅び去った浅井家を思う淀殿の胸中が切なく偲《しの》ばれる。

小谷城戦国歴史資料館の方へ戻ると東側の尾根に向かう登山口がある。「小谷城登山道・歩行者ルート」の案内板に従って山道を歩きはじめ、山城の中心部をめざす。城郭頂上の山王丸へは一時間半ほどかかるという。うっそうと繁る樹木をぬって二〇分、真柄《まがら》峠で見晴らしがひらける。望笠峠《ぼうしょう》で絶景に出合った。色づきはじめた枝葉の向こう、黄金色の田を前景に、琵琶湖の湖面が光る。竹生島《ちくぶしま》は真正面だ。

初代城主浅井亮政が斬首した重臣をさらしたと伝えられる首据石

爽やかな視界を楽しみつつ、一五分ほどで番所跡に着く。ここまでは、実はマイカーで来られる道があり、ガイド付きのバスもあるのだが、城址探索は、やはり大手口から歩いてみたい。いよいよ城郭の主要部に入っていく。土塁が残る防御施設の御茶屋曲輪《おちゃやくるわ》、御馬屋曲輪《おうまやくるわ》、桜馬場《さくらのばば》と、標高が増すにしたがい紅葉も深まる。

麓から一時間、桜馬場の先からの眺望がすばらしい。琵琶湖はもちろん、竹生島、伊吹山、織田・徳川軍と朝倉軍が激突した姉川《あねがわ》合戦場、木の間越しに彦根城《ひこねじょう》も見られる。仲睦まじかったという長政とお市の方も、ときにここに立って領地や、その彼方を眺めた日があったことだろう。桜馬場に建つ浅井氏と家臣の供養塔に、戦国史の一ページを思い起こしつつ祈りをささげた。

目の前は信長が小谷城を攻めるとき拠点とした虎御前山《とらごぜやま》、分岐を右手に下れば浅井長政が自刃した赤尾《あかお》屋敷跡になる。

滅びゆく者へ寄せる思い

尾根筋に戻ろう。本丸の一段手前の「千畳敷《せんじょうじき》」とも呼ばれた大広間跡には、黒金門《くろがねもん》跡から入る。南北八五m、東西三五mの曲輪は小谷城ではもっとも広い。平時、清水谷の居館に住んだ浅井氏の家族は、非常時には大広間の屋敷に移った。三女・お江は赤子のうちに落城を迎えるが、ここで生まれたと伝えられる。

いよいよ本丸跡だ。高さ一二mの石垣上にあり、広さは南北四〇m、東西二五m。決戦の陣所であるこの場所に、陣幕が張られ、赤々とかがり火が焚《た》かれたのだ。

本丸にあった天守が彦根城西の丸の三重櫓《さんじゆうやぐら》として移築されたといわれたが、昭和三〇年代に行われた三重櫓の解体修理では、そのような痕跡《こんせき》は見られなかったとのことである。滅びゆく者に寄せる思いが生んだ伝承だったのだろうか。

一五七三年（天正元）八月二七日、小谷に攻めこんだ秀吉は、長政が籠城《ろうじょう》する本丸と父久政が籠《こ》もる京極丸を分断。久政は自刃し、九月一日、長政は自ら命を絶ち小谷城は落城、戦国期を代表する五大山城の一つ浅井氏三代の小谷城は、わずか五〇年の命脈であった。落城後、残存建物の大半と城下町は、築城を開始した秀吉の長浜城《ながはまじょう》に移され、小谷城は一五七五年（天正三）ごろ廃城となった。春、本丸跡の崩れた石垣に、浅井一族を鎮魂するかのように桜が花弁を散らすという。（国指定史跡）

アクセス　ＪＲ湖北線河毛駅から湖北町タウンバスで「小谷城址口」下車／北陸自動車道長浜ＩＣより国道三六五号で伊部林道方面へ／登山口から番所跡まで徒歩約六〇分、番所跡から山王丸跡まで徒歩約二五分、山王丸跡から小谷城戦国歴史資料館まで徒歩約一時間一五分

朝倉五代の栄華の跡

一乗谷館

土中からあらわれた四〇〇年前のにぎわい

一乗谷館《いちじょうだにやかた》は、越前国守護となった朝倉孝景《たかかげ》によって一四七一年（文明三）に築かれた。館跡は福井市街南東約一〇㎞、足羽川《あすわがわ》の支流の一乗谷川に沿う東西五〇〇m、南北三㎞の平坦地である。この周囲を一乗谷城や東郷槇山城《とうごうまきやまじょう》などの山城と城戸《きど》（城郭の出入口）で守り、豪壮華麗な館や庭園を構えた。

応仁の乱で都が戦火にかかると、公家や僧侶《そうりょ》・文化人たちは朝倉氏の庇護《ひご》を求めて続々と一乗谷を訪れる。都人のもたらす文化を吸収し、当代一の文化都市としてにぎわうようになった。騒乱からのがれた足利幕府一五代将軍・義昭《よしあき》も一乗谷安養寺《あんようじ》に逗留《とうりゅう》している。

城下には武家屋敷、四〇を超える社寺、町屋がところ狭しと建ちならび、万を下らない人びとが暮らし、朝倉孝景から義景《よしかげ》まで五代一〇三年間にわたって繁栄を誇った日本有数の城下町であった。

一五七三年（天正元）、朝倉義景は織田信長との戦いに敗れ、一乗谷の町は戦火により灰燼《かいじん》に帰した。その後、焦土に農民が住みつき、町は田畑の下に原型のまま埋もれてしまう。

義景の菩提を弔うため建立された唐門。豊臣秀吉の寄進といわれる

一九六七年（昭和四二）からの発掘調査で、四〇〇年近くも土中に眠っていた戦国時代の大規模な遺跡が次々と姿をあらわした。一九七一年（昭和四六）、国の特別史跡に指定され、発掘・整備はいまも続いている。

一乗谷への出入口には石垣・土塁・堀で城戸が築かれ、細長い地形の城地は防御施設で固められていた。上城戸《かみきど》には高さ五m、長さ五〇mの土塁と堀が残り、下城戸《しもきど》には石を積みあげた枡形虎口の跡が現存する。

城戸の内はおよそ一・七km、下城戸から入ると、幅一・五mから七・六mの道路が計画的に配置され、整然とならぶ屋敷跡があらわれ、まるで現代の大規模な住宅分譲地のように見えた。県道近くに町屋跡、奥に武家屋敷と町屋、少し高みに寺院跡、それぞれに井戸が復元されているので生活感が湧《わ》きたってくる。

日本最古の「花壇」の遺構

谷のほぼ中央、標高約四三六mの一乗山を背にして、五代城主朝倉義景の広大な朝倉館跡が広がる。南・西・北に一辺およそ一〇〇mの堀と土塁をめぐらせ、敷地内には常御殿《つねのごてん》・会所《かいしょ》・茶室など十数棟の遺構が見られ、書院造の成立過程を知る貴重な遺構とされる。中庭の花壇跡にはボタンやシャクナゲ、キクやハギなどが植えられていたと分かった。花壇としては日本最古の遺構という。

館跡の北には義景が観桜の宴《うたげ》を催して足利義昭をもてなした「南陽寺跡庭園」、高台に、勇壮な庭石が林立して戦国武将の荒々しい気魄《きはく》を伝える池泉庭園「湯殿跡庭園」、義景の母光徳院《こうとくいん》の居館跡といわれる「中の御殿跡」、義景が側室小少将《こしょうしょう》のために造った回遊式林泉庭園としては日本で第一級の豪華さという「諏訪館《すわやかた》跡庭園」へといたる。少し高い場所から眺めていると、ここにたわむれ

一乗谷館は巨石を積み上げた枡形虎口の下城戸と、堀や土塁を設けた上城戸で防御されていた

た女人たちのさんざめきが聞こえてきそうだ。華麗な衣装さえ目に浮かぶ。折から五月半ば、諏訪館跡庭園はヤマモミジの若葉が巨石に調和して美しい。紅葉のあでやかさは、いかばかりだろう。

館の正面には義景の菩提を弔うために建てられた松雲院《しょううんいん》の唐門《からもん》が残る（江戸中期の再建）。豊臣秀吉の寄進といわれ、朝倉氏の三ツ木瓜《みつぼけ》紋と豊臣氏の五七《ごしち》の桐《きり》紋が刻まれ、門内には義景墓碑が建つ。

足利義昭を奉じた義景は、織田信長に攻められて越前大野で自害するのだが、そんな血なまぐさい興亡を秘めているだけに、芝生広場でお弁当を広げる若い夫婦と幼児の姿がほほえましく、歳月が受け継いだ命の健やかさに胸が熱くなる。

一乗谷を歩くハイライトは、なんといっても復元された町並みの見学だ。石垣と土塀の道に足を踏み入れたとたん、もうそこは中世の町である。将棋を指す武士たちの屋敷、台所で調理する人、店先の商人、彼らがひょいと振り向いて、いまにも声をかけてきそうだ。置き石屋根の家々には柴垣《しばがき》・井戸・厠《かわや》まで復元されており、路地から子どもや犬などが駆けてくるかとさえ錯覚する。

城戸外も城下としてにぎわった。朝倉氏は神仏への信仰が深く、一乗谷一帯には、およそ三

○○○体の石仏・石塔が点在する。田畑や道のほとり、山裾に座する素朴な石仏群からは、戦国時代に生きた人びとの真摯《しんし》な祈りを感じ取ることができる。

上城戸を出て一乗谷をさらにさかのぼると、一乗滝に出合う。一乗山から流れ落ちる水が崖上から噴出し、壮観のひとことにつきる。巌流島《がんりゅうじま》で宮本武蔵と決闘した佐々木小次郎は越前宇坂《うさかの》荘《しょう》の生まれだともいう。小次郎像が滝のかたわらに建ち、流れのなかには燕《つばめ》返しの剣法を習得したという岩に激流がはじけ、修行のすさまじさを想起させる。（一乗谷朝倉氏遺跡　国指定特別史跡）

アクセス　ＪＲ北陸本線福井駅から浄教寺・鹿俣行きバスで「復原町並」下車／ＪＲ越美北線一乗谷駅から徒歩一〇分で下城戸、徒歩三〇分で朝倉氏遺跡／京福バス62東郷線で「武家屋敷前」下車／北陸自動車道福井ＩＣから国道一五八号線／遺跡内無料周遊バス「朝倉ゆめまる号」（土・日・祝日）

「極悪人」松永久秀《まつながひさひで》の大和《やまと》最大の山城

信貴山城

名物茶釜とともに城で自爆

信貴山城《しぎさんじょう》は松永久秀が大和侵攻の拠点として築き、戦国時代を代表する山城として名を馳せた。

信貴山の標高は四三七m、生駒《いこま》山地の南端、生駒郡平群町《へぐりちょう》の大和と河内《かわち》を結ぶ要衝に位置する。山頂の本丸を中心に多くの曲輪群が築かれ、奈良県では最大規模の中世城郭である。

信貴山は聖徳太子が開山し、毘沙門天《びしゃもんてん》を祀《まつ》る寺院を創建したと伝えられる。一〇世紀初め、天皇から朝護孫子寺《ちょうごそんしじ》の寺号を賜わり、庶民の信仰をあつめるようになった。国宝「信貴山縁起絵巻」で知られる寺である。

さて、松永久秀といえば〝極悪人〟のイメージがついてまわる。戦国を代表する残虐で猛々《たけだけ》しい武将と評され、小説などにも、そのように描かれてきた。この人物評は織田信長の言葉によるが、この者は世の人がしない三つの悪事を成し、将軍足利義輝《あしかがよしてる》を殺害、主君の三好《みよし》家に謀反し、奈良の大仏殿を焼いたと本人の前で徳川家康に話したという。だがこれは江戸時代に書かれた『常山紀談』に載っている話で、事実ではないようだ。

では、三悪行の実際は、どのようなものだったのだろう。久秀は主君の三好長慶《ながよし》には忠実で、暗殺説は噂《うわさ》にすぎなかった。将軍の殺害計画について久秀は消極的で、事件当日は大和にいて襲撃に参加していない。主導したのは三好家の一族・三好三人衆とされる。やがて久秀は、奈良の町を戦場に三好三人衆と戦うことになる。大仏殿が燃えたのは、どちらかの軍の鉄砲の火薬に火が移ったためで、久秀自身が放火したわけではなかった。

いずれにせよ、戦国期は久秀に限らず、下剋上も謀反も敵味方の離合集散も当たり前の時代、当の信長も同様であったのだ。

久秀の出自は、よく分かっていない。阿波《あわ》の戦国大名・三好長慶に重用され、室町幕府との折衝などに活躍する。長慶が畿内を平定すると、久秀は一五五九年（永禄二）、摂津《せっつ》から信貴山城に移った。信貴山城と、東大寺近くの居城・多聞山 城《たもんやまじょう》を本拠に、破竹の勢いで大和を統一し、長慶から大和の管理を任され、一国の大名のような立場となる。

長慶没後、三好家当主に忠誠をつくすが三好三人衆と激しく対立、打開策として、上洛した信長に恭順する。名物茶器「九十九髪茄子《つくもがみなす》」を献上してのことだった。だが、久秀はやがて武田信玄《しんげん》と通じて信長に反旗をひるがえす。

一五七七年（天正五）、信長は信貴山城に大軍を送りこんで包囲、助命とひきかえに久秀が所有していた平蜘蛛茶釜《ひらぐものちゃがま》を差しだせと命じるが、久秀は拒み、茶釜とともに爆死した。日本史上初の自爆であるという。反骨の気概はみごとだ。信貴山城は落城し、その後、廃城になった。

安土城天主のモデルとの説も

信貴山城は信貴山の尾根筋一帯の南北七〇〇m、東西五五〇mにわたって、一一〇を超える曲輪群が扇状に点在していた。現在も土塁、堀、門跡、曲輪などの跡が確認できる。

晩秋のあたたかい一日、朝護孫子寺の境内から信貴山城址をめざす。多宝塔の裏側、空鉢護法堂《くうはつごほうどう》への参道が城址への登り口になる。尾根に沿って曲がりくねった細い石段の道が続く。朱塗りの鳥居の脇に曲輪の遺構も見られ、三〇分ほどで山上だ。

絶景が目の前にひらける。奈良、大阪までが一望のもとだ。まさに戦の要所である。空鉢護法堂の建つ地が本丸跡、少し下ると二の丸跡、ハイキングコースに入っていく部分は三の丸の跡という。北斜面の冬枯れの木立のあいだに、山を下っていく小道がよく見える。

本丸跡に四層の天守櫓が建っていたと伝えられる。事実とすれば南北朝時代に築かれた伊丹《いたみ》城《じよう》（有岡城《ありおかじよう》）の二、三層ほどだったという櫓に次いで、日本で二番目に築かれた天守だ。織田信長は、この天守にならって安土城を築城したのではないかといわれる。

本丸跡へ戻って西寄りの林道を下ると、久秀の住んでいた松永屋敷跡にいたる。山腹を覆うように散在する曲輪跡や土塁を確かめながら下りたかったが、日の短い季節である。ふたたび朝護孫子寺の境内を通り、大和最大の山城をあとにした。（平群町指定文化財）

アクセス　近鉄生駒線信貴山下駅より奈良交通バスで「信貴大橋」下車、山頂まで徒歩約一時間／近鉄信貴線信貴山口駅より西信貴ケーブルで高安山駅下車／近鉄バス信貴山門行き終点下車／信貴山へのハイキングコースはあるが、ルートを詳細に調べ、靴や衣服を整えて登る必要がある。

信長、秀吉が別格扱いをした畿内の要

大和郡山城

秀吉の弟、秀長《ひでなが》が熱意を注いだ壮大な城

近鉄橿原《かしはら》線に乗って九条《くじょう》駅を過ぎたころ、右手の線路に沿って城郭の櫓が見えた。奈良県北西部の大和郡山市に建つ大和郡山城《やまとこおりやまじょう》である。戦国時代、城主が威信をかけて築きあげた巨城であった。近鉄郡山駅から追手門《おうてもん》までは五〇〇〜六〇〇mくらいだろうか。追手東隅櫓《おうてひがしすみやぐら》と多聞櫓が姿をあらわす。明治期に廃城になったが一九八三年（昭和五八）に追手門（梅林門）が復元され、追手向櫓《むかいやぐら》が順次復元された。どれも風格があり、古い石垣によく似合う。

戦国時代、大和では群雄が乱立、力を誇る大きな社寺もあり統一しにくい国だった。松永久秀が信貴山城、多聞城を築き大和の支配権を握ったが、織田信長にそむいて滅ぼされる。筒井《つつい》順慶《じゅんけい》が信長から郡山城を与えられ、城砦《じょうさい》だった郡山城を戦国城郭に修築した。信長はこの城を畿内の要衝として重視、明智光秀に普請の見廻《みまわ》り役を命じ、工事の進み具合を確認したとい

う。

順慶の没後、一五八五年（天正一三）、豊臣秀吉が弟秀長に一〇〇万石大名として郡山城を与え、築城の名手藤堂高虎《とうどうたかとら》を普請奉行に任じ、近世城郭として整備していく。天守郭《てんしゆぐるわ》、二の丸、麒麟郭《きりんぐるわ》、毘沙門郭《びしやもんぐるわ》など多くを築き、櫓は九基という壮大な城が出現した。

大和は石材を手に入れにくいので、寺院の庭石、礎石、墓石、地蔵尊などを強制的に取り立てた。天守台石垣には逆さに組みこまれた石地蔵が埋めこまれている。高さは九〇cmほど、右手に錫杖《しやくじよう》、左手に宝珠《ほうじゆ》を持ち、大永三年（一五二三）の銘が刻まれており、罰当たりな石垣だという気分に駆られた。誰しも、こう感じるのだろう。発掘時に発見された石仏がならぶ天守台下には、供養の花が手向けられている。天守郭の門の石組のあいだには反花文《かえりはなもん》が見える。石仏か宝篋印塔《ほうきよういんとう》の台座を流用したのであろう。築城者の信仰へのクールさを思いつつ、合掌する。

重厚感あふれる天守台の石組

秀長は城下の発展にも力を入れ、商工業者を奈良から郡山に移したため、奈良は衰退していく。六年の在城後、秀長は郡山城で没する。商工の町の基礎を築いた祖として敬われ、城下箕山町《みのやまちよう》の秀長墓所春岳院《しゆんがくいん》には商工業者の参拝が絶えない。

奈良は良質な石材に乏しく、寺院の礎石・地蔵・墓石・庭石などを町民から徹底的に徴発し壮大な石垣が築かれた

野面積石垣の隙間には右手に錫杖、左手に宝珠を持つ地蔵が逆さに組み込まれている

関ヶ原の戦い後、一時、廃城になったが、徳川氏は畿内の要として重視し、幕府重臣を城主に任じる。一七二四年（享保九）、甲斐国《かいのくに》甲府城主の柳沢由里《やなぎさわよしさと》が入城、以後、柳沢氏が治め明治期を迎え、廃城になった。

城跡には石垣遺構がよく残り、水堀に栄華の名残を映す。坤櫓《ひつじさるやぐら》の石垣は打込接だが、竹林橋櫓台《ちくりんばしやぐらだい》、極楽橋門《ごくらくばしもん》など多くは野面積で、素朴な美と荒々しさに魅せられ、しばし足を止めてたたずむ。とりわけ天守台の石組は重厚感にあふれる。平城宮の羅城門《らじょうもん》の礎石を移築したと伝えられる。

現在、天守台は崩落の危険があるため立ち入れないものの、城址一帯は城跡公園としてよく整備され、高低もなく歩きやすい。毘沙門郭跡の「柳沢文庫」には家伝来の史料、郡山城の古絵図、古写真、歴史資料が展示されている。

「金魚が泳ぐ町郡山」に金魚を持ちこんだのは、柳沢吉里の家臣だという。幕末から明治にかけて下級武士の副業として広まり、武士と農民の努力で日本一の金魚を育てあげた。いまでは海外にも輸出されている。街路の表示やマンホールに金魚や鯉《こい》の絵がほどこされ、たどって歩くのも結構楽しい。（大和郡山城址　奈良県指定史跡）

アクセス　近鉄郡山駅から徒歩一〇分、ＪＲ郡山駅から徒歩二〇分

雲海に浮かびあがる天空の城

竹田城

山上の雄姿は全国屈指

「天空の城」「日本のマチュピチュ」として話題の竹田城《たけだじよう》（兵庫県北部の朝来《あさご》市）。その魅力は九月下旬から四月上旬にかけての早朝、雲海に浮かびあがる累々とした石垣群の威容にある。円《まる》山川《やまがわ》から発生した川霧が作りだす芸術品といっていい。

竹田城は標高三五三・七ｍの古城山《こじようざん》の山頂にある総石垣の山城で、虎が臥《ふ》せているように見えることから虎臥城《こがじよう》ともいう。縄張のみごとさ、山上の雄姿は全国屈指と称される。

室町時代中期の一四四一年（嘉吉元）、但馬国《たじまのくに》（兵庫県北部）守護山名持豊《やまなもちとよ》（宗全《そうぜん》）が築城に着手、

築城時の威容を残す古城。秋から冬に濃い雲海がたちこめ、幻想的な美しさをかもしだす

翌々年に完成し、有力家臣の太田垣光景《おおたがきみつかげ》を初代城主に任じたと伝えられる。

縄張は南北約四〇〇m、東西約一〇〇m、古城山の最高所に本丸、その中央に天守台を置き、尾根の広がりに沿って北方向に二の丸、三の丸、大手口を防御する枡形門跡から北千畳《きたせんじょう》曲輪へと続く。本丸から南方向には、南二の丸、搦手口のある南千畳《みなみせんじょう》曲輪が配され、北と南の双方向へ翼のように曲輪がのびる。

北千畳曲輪、南千畳曲輪、本丸西側に突きだす花屋敷《はなやしき》曲輪、この三つとも本丸より二〇m低い位置に築かれ、平面だけでなく、立体面でも緻密《ちみつ》な計算によって造られていることが分かる。

面積一八・四七三㎡の城址に建物などの遺

構はなく、周囲には視界をさえぎる樹木もないため、天守台に立つと、段状に下方に築かれる曲輪展開、石垣や竪堀《たてぼり》を目の当たりにできる。天守台の広さは一〇・七m×一二・七m、ここへの登り口や石段、地下構造である穴蔵はない。天守へは脇に配された付櫓《つけやぐら》か、本丸御殿からの通路で登ったのであろう。城址の櫓は天守を含め二〇基ほどが確認されている。

天守台は城下から真正面に位置し、高く見あげる山の頂に屹立《きつりつ》する。安土城のように、権威の象徴、見せるシンボルだったのであろう。

天守台南側の本丸石垣の高さは一〇・六m、江戸時代以前の城としては有数の高さで、石積は安土城とよく似た穴太積《あのうづみ》、豪壮を誇る築城である。この石垣より古い時代の竪堀遺構も確認され、複合遺跡として貴重なものであるという。

山城は自然の地形を利用して防御設備を造るのだが、竹田城の石垣の豊富さに、これが山城なのかと目を疑いさえする。激戦の歴史が竹田城を総石垣の城に造りかえていったのだ。

戦国初期からの争乱のなかで

竹田城が築城されたその年、但馬国守護の山名氏と、播磨国《はりまのくに》（兵庫県南西部）守護の赤松氏が激突（嘉吉《かきつ》の乱《らん》）。赤松氏が主君である足利幕府六代将軍義教《よしのり》を殺害したことが原因だった。

一四六七年（応仁元）、細川氏と山名氏の争いが一因で応仁の乱が勃発《ぼっぱつ》、竹田城は両者の抗争の場になる。応仁の乱が終わっても山名・赤松の争いは、なおも続く。

織田信長の中国攻めで、一五八〇年（天正八）、重臣羽柴秀長（秀吉の異父弟）が竹田城を落城させて城主になり、五年後、赤松広秀《ひろひで》が城主になった。

広秀は秀吉の幾多の戦陣で戦功を挙げ、砦《とりで》ほどだった竹田城の石積を整備、壮大な総石垣の近世城郭に造りかえる。これによりいまの姿が築かれた。

関ヶ原の戦いで赤松広秀は西軍に属し、石田三成が敗れると東軍に寝返って鳥取城を落城させた。だが、城下焼き討ちの責任を問われ家康の命で切腹、山名豊国《とよくに》が家康に命じられて竹田城を受け取り、すぐに廃城となる。

城下は京阪神、丹波、播磨、但馬、山陰地方を結ぶ交通の要衝にあり、およそ四里（約一六㎞）ほど南の但馬領内に生野《いくの》銀山もあって、その後は宿場町として栄えた。

生野銀山は一五四二年（天文一一）、守護職山名祐豊《すけとよ》が銀を掘りだし精錬技術を導入、織田・豊臣が直轄、徳川も天領とし、幕府財政を支え続けることになる。赤松広秀を自刃させたのは、但馬領内の銀山の直轄をもくろむ家康の策略だったともいう。

一九八八年（昭和六三）、宿敵同士であった山名氏と赤松氏は五五〇年近い歳月を経て和睦《わぼく》を結び、山麓に「山名赤松両軍慰霊塔」が建立された。

幻想的な美で人びとを魅了してやまない竹田城。その曲輪に、石垣に、戦国武将の命運を懸けた激戦の数々が刻まれているのである。（国指定史跡）

アクセス　ＪＲ播但線《ばんたんせん》竹田駅から天空バス一五分、「竹田城跡」下車、徒歩約二〇分／天空バス二五分、「山城の郷」下車、西登山道で徒歩約四〇分／ＪＲ竹田駅から通常の登山道「竹田駅裏登山道」で徒歩約四〇分、急な坂道と階段の「表米《ひょうまい》神社登山道」で徒歩約四五分、「南登山道」で徒歩約六〇分／播但連絡有料道路和田山ＩＣから五分／城址保護のため、入山や履物などについて規制がある場合がある。

［東日本編］

土塁と空堀で守る巨大な「土の城」

春日山城

越後の雄・上杉《うえすぎ》謙信《けんしん》、景勝《かげかつ》の居城

「越後の虎」と称された名将上杉謙信は、春日山城《かすがやまじょう》で生をうけ、この城で最期のときを迎えた。

新潟県上越市西部、標高一八〇mの春日山山頂に築かれた巨大な山城は別名鉢ヶ峰城《はちがみねじょう》といい、難攻不落を誇った。

南北朝時代、越後守護の上杉氏が築き、守護代の長尾為景《ながおためかげ》が越後統治の実権を奪い取る過程で、一五一〇年（永正七）、春日山城を掌中にした。為景は本格的な山城に改修、のち、子の謙信が築造をかさね、本丸などに塀を築き、ほぼ完成した（謙信が関東管領に就任し上杉姓を名乗るのは一五六一年〈永禄四〉）。

春日山城には為景、春景《はるかげ》、謙信、景勝まで上杉氏四代が居城する。関ヶ原の戦いで敗れた西軍側の景勝が会津に転封となり、次の城主堀氏が、一六〇七年（慶長一二）、治世に便利な直江津《なおえつ》港近くの福島城に移ったことから春日山城は廃城になり、歴史の表舞台から完全に姿を消した。

春日山城は「土の城」である。もともと石垣は築かれず、土塁・空堀で多くの曲輪を守った。加賀街道沿いの春日山下バス停の北五〇〇ｍほど、上越市埋蔵文化財センターの先に大手道入口がある。南側から尾根筋を登っていく本来の登城路だが、カタクリの群落がある南三の丸を経て本丸までの道のりは六㎞を下らない。およそ一時間半の山登りになる。

最高地点の本丸跡からは頸城《くびき》（高田）平野が眼下に広がり、直江津の市街、平野を囲む越後の山々、直江津港、真っ青な日本海が雄大に広がる。しかし、厳冬期の在城は、風雪にみまわれ、かなり困難であっただろう。天守台跡は一段高くなっている。物見台ほどの建物があり、天守は築かれていなかったという。

御館《おたて》の乱の悲劇と謙信の護摩堂《ごまどう》

本丸の南下、三の丸には謙信の養子景虎《かげとら》の屋敷跡、西へ下ると養子景勝の屋敷跡になる。謙信死後に勃発した「御館の乱」では、景勝が対立する景虎の優位に立ち、彼を死に追いやった。

一族の女性や子どもの命まで巻きこんだ激しく凄惨《せいさん》な後継争いの舞台に立ち、心が痛む。子のなかった謙信は、姉の子景勝や小田原北条氏から迎え自らの初名を与えた景虎たち養子をいつくしみ、後事を託した。しかし、謙信が没すると、血で血を洗う後継争いを経なければならなかったのであった。

山頂に近い尾根筋の毘沙門堂《びしゃもんどう》は一九三一年（昭和六）に復元された。上杉勢の旗標《はたじるし》「毘」は謙信が毘沙門天に深く帰依したことによる。少し先に諏訪堂《すわどう》跡・護摩堂跡がある。謙信は出陣前に護摩堂に籠もった。謙信の死後、遺骸《いがい》は城内不識院《ふしきいん》に納められ、のち城内に埋葬されたと伝えられるが、その埋葬地がここだという。上杉家の会津転封後、遺骸も移送された。

本丸（実城《みじょう》）を中心に築かれた多くの曲輪には、重臣たちの屋敷があった。搦手口に近い松木立に覆われた曲輪は、上杉家の名参謀直江兼続《なおえかねつぐ》の屋敷跡だ。山麓には出城である東城砦《とうじようとりで》跡、東門跡、南門跡も認められ、監物堀《けんもつぼり》など外堀の復元、春日山の植栽を一〇〇年前に戻す計画が進められている。（国指定史跡）

アクセス　えちごトキめき鉄道直江津駅から頸城バスで「林泉寺」下車、徒歩二〇分／えちごトキめき鉄道春日山駅から徒歩三〇分／北陸自動車道上越ＩＣから一五分

名門甲斐武田氏の本拠

躑躅ヶ崎館

戦国武将の居館の典型

躑躅《つつじ》ヶ《が》崎館《さきやかた》は武田信玄の父・信虎《のぶとら》が、一五一九年（永正一六）、甲斐一国の拠点として築き、信玄が継承、勝頼が拡大し、三代六三年間、甲斐、信濃《しなの》の広大な領土を統括する本拠になった。武田氏滅亡後は、織田信長、徳川家康が治めたが、一五九〇年（天正一八）、家康により城下の南部に甲府城が築かれ、躑躅ヶ崎館は廃城になった。

甲斐武田氏の史跡を訪ねようと、初夏の甲府へ小さな旅をした。「風林火山」の幟旗《のぼりばた》に迎えられ、朱塗りの神橋《しんきょう》で水堀を渡ると、石段が武田神社へと導く。武田神社は一九一九年（大正八）に創建され、のち、館跡は国の史跡に指定された。神社の本殿が主郭跡である。

武田氏館跡は東西約二八〇m、南北一九〇m、方形の遺構に戦国武将の居館の跡をよくとどめている。主郭部の中央には信玄が政務を執った本主殿《ほんしゅでん》、彼が起居した看経《かんきょう》の間《ま》、その南側の中曲輪に築山や泉水を配した回遊式庭園などがあった。

館の東、西、南にめぐらせた水堀は、最大幅17m、深さ8mと相当な大きさ

北側に勝頼の嫡子が住んだ太郎様御座所、台所、広間、産所が置かれた。館の中心部にある「名水姫の井戸」は信玄息女の産湯にも使われたという。いまも清水をたたえ、水琴窟《すいきんくつ》が気品に満ちた水音を奏でている。

北西隅の二階櫓は武田氏滅亡後、徳川配下の武将によって天守台に改修されたが、石積の残る遺構は、現在、立ち入り禁止となっていて、西曲輪からその姿をうかがうしかない。

拝殿の右手前が東曲輪だ。信玄の長男・義信《よしのぶ》の屋敷や番所、的場、毘沙門堂などがあった。社殿脇を東へ進むと大手口跡である。土橋を支える自然石の石積は往時のままだ。その先の駐車場が馬出《うまだし》だった。うっそうとした木立をざわざわと揺らし、風が吹き過ぎていく。信玄配下の武将たちの甲冑《かっちゅう》の響きのような気がした。この頑丈な土橋を渡り、馬出で勢ぞろいをし、鬨《とき》を挙げて出陣していくのだ。

人は石垣、人は城

大手口から左手、北方向へ館の外周をめぐる。家臣の屋敷地、大井夫人（信虎正室、信玄生母）が住んだ隠居曲輪跡、信玄の弟・信廉《のぶかど》（逍遥軒信綱《しょうようけん》）の屋敷のあった味噌《みそ》曲輪、北曲輪などが築かれていた。

西曲輪には人質などが住まわされていた。人質は悲惨な末路をたどることもあるが、真田昌幸《さなだまさゆき》と信幸《のぶゆき》、信繁《のぶしげ》（幸村《ゆきむら》）父子のように、子飼いの武将に育てようと大事に扱われることも多い。西曲輪から社殿の方へ空堀を渡ると、中曲輪跡に戻る。西曲輪とのあいだの水堀は幅一七m、深さ八m、往古の姿をよく残している。

信玄は兵法書『孫子』から名句「疾《はや》きこと風の如く　徐《しず》かなること林の如く　侵掠《しんりゃく》すること火の如く　動かざること山の如し」を引用し、恵林寺《えりんじ》の僧・快川紹喜《かいせんしょうき》に書かせ、軍旗とした。戦国武将がめざす兵法を軍記に掲げるのは、大変珍しいといわれる。これを「風林火山の旗」と称するのは現代の小説に描かれてからなので、「孫子の旗」といった方が正しい。

信玄の人となりを伝える史料はほとんどないという。だが、この文言があれば信玄を知るには十分だ。「人は城　人は石垣　人は堀　情けは味方　あだは敵なり」『甲陽軍鑑』（江戸時代に書かれた武田氏の軍学書）。（国指定史跡）

アクセス　ＪＲ中央本線甲府駅から山梨交通（バス）で一〇分、「武田神社」下車すぐ

甲州流築城術の集大成

新府城

勝頼の新城は石垣のない平山城

武田勝頼は一五七五年（天正三）、長篠・設楽原《したらがはら》で、織田、徳川軍の鉄砲を駆使した戦いに敗れ、武田の勢力は次第に衰えていった。

一五八一年（天正九）、鉄砲を装備した戦闘に耐えうる新城として、韮崎《にらさき》に大規模な新府城《しんぷじょう》の構築に取りかかる。真田信繁の父親として知られる真田昌幸が築城総責任者である普請奉行を務めたという。このとき信繁は一五歳、父のもとで城造りをつぶさに学んだことだろう。のち、大坂の陣で信繁が築いた砦「真田丸」は、丸馬出、三日月堀（丸馬出の外側を防御する三日月状の形の堀）など甲州流の築城術を駆使したものであった。

一五八二年（天正一〇）、織田信長軍の猛攻に敗れ勝頼が自刃した。およそ三カ月後、信長は本能寺の変で討死する。武田遺領をめぐる徳川と北条の争奪戦で新府城は重要拠点になるが、一五九〇年（天正一八）、北条氏が滅亡すると廃城になった。現在、本丸跡は韮崎市立公園となり、曲輪跡や土塁、堀などが残っている。

新府城は七里岩台地の突端部に位置し、西は浸食崖、東に塩川が流れる。敵の攻撃は正面からに限られ、攻撃軍を正面の丸馬出から深い堀のある横方向に回らせる。そこへ横矢を掛けて攻撃、堀に続く断崖や川へ追い落とすことができた。

石垣を使わない平山城で、階段状に本曲輪、二の曲輪、東の三の曲輪、西の三の曲輪、帯曲輪などで構成され、丸馬出、三日月堀、枡形虎口などを備えていた。

自然地形、城の構えとも防御力にすぐれ、躑躅ヶ崎館とならぶ大規模な構造を持ち、万単位の兵力を置くことも可能だった。新府城の構造は甲州流築城術集大成といわれる。河岸段丘上を城地とし、急峻な崖や激流などを防御に活用、丸馬出や三日月堀を設ける武田氏特有の築城法である。

戦国最強の武田軍団、滅亡

一五八一年(天正九)一二月、勝頼は一族や家臣を率いて躑躅ヶ崎館をあとに新府城をめざす。だが新しい城は未完成で、総勢一〇〇名ほどしか寝泊まりできない。数少ない家臣に守られ、金銀珠玉に飾られた輿《こし》、きらびやかな馬飾りの行列が群衆のなかを進んでいく。だがこれも落日の最後の輝きにひとしかった。

年が明けて早々、織田信長の嫡男・信忠《のぶただ》を総大将に、大軍が信濃に攻めこんだ。呼応して徳川家康が甲州に進軍。武田方は離反者が相次ぎ、軍の立て直しは、もはやかなわなかった。一カ月ほどの戦闘の末、勝頼は新府城に火をかけ、重臣・小山田信茂《おやまだのぶしげ》の進言で、彼の居城・岩殿《いわどの》城《じょう》に向かう。天目山《てんもくざん》をめざす勝頼一行は信茂の謀反に遭い、三月一一日、天目山麓の田野《たの》で妻子とともに自刃して果てた。武田氏は滅び、戦国最強を誇った武田軍団も崩れ去る。

勝頼は決して無能な武将ではなかった。信玄亡きあと、失地を回復するなど武勲はめざましい。だが、騎馬軍団が鉄砲に敗北するという戦国史の流れのなかで、四五〇年の歴史を誇った名門・甲斐武田氏は滅亡したのであった。

城址の曲輪は草に覆われているが表示板があり、土塁、丸馬出、三日月堀などの遺構を認めることができる。(国指定史跡)

アクセス　ＪＲ中央本線新府駅から徒歩約一〇分／中央自動車道韮崎ＩＣから県道一七号

興国寺城

北条早雲《ほうじようそううん》の初めての持ち城

めまぐるしく代わった城主

ＪＲ東海道本線の原駅で下車、興国寺城《こうこくじじよう》通り(竹田道)を北へ一・五㎞ほど車を走らせると、

見上げるほど高い土塁に囲まれた上に野面積の石垣が残り、天守台跡には礎石が見られる

根方街道にぶつかる。その根古屋《ねごや》の信号の真ん前に土塁に囲まれた興国寺城址（静岡県沼津市）がひらける。北条早雲（伊勢新九郎盛時・長氏）が初めて城主となった城である。

駿河《するが》守護・今川義忠《よしただ》の正室である妹（姉）・北川《きたがわ》殿《どの》のもとに身を寄せた早雲は、義忠の死後、相続争いを解決して北川殿の子・竜王丸《たつおうまる》（氏親《うじちか》）に今川家を継がせ、その功によって一四八七年（長享元）、興国寺城を与えられた。このとき早雲五六歳、興国寺城を足場に旗揚げし、伊豆国《いずのくに》を治めていた足利茶々《あしかがちゃちゃ》丸《まる》や小田原の三浦氏を滅ぼして伊豆、相模《さがみ》一国を制圧、戦国大名として自立する。旧来の守護権力を排除して大名による領国支配を確立、東国の戦国時代は早雲によって始まったといっていい。

愛鷹山《あしたかやま》南麓の尾根の先端に位置し、南北に長い連郭式の山城である。根方街道が分断する三の丸にも土塁が認められ、明治ごろまで東西に大手門があった。北に向かって高まる斜面には、棚田状に二の丸、土塁、本丸、清水曲輪が築かれている。かつて、これらの曲輪は三方を浮島沼という湿地に囲まれ、天然の要害になっていた。本丸の東側と西側には船着き場があったと伝えられ、清水曲輪近くにいまも湧水《ゆうすい》が見られるという。

本丸跡を囲む大規模な土塁は高さ六m、真下に歩み寄ると〝仰ぎ見る〟という感覚になる。土塁の上に出ると、自然石を積みあげた野面積の石垣が見られる。高さ四m、長さ一一mほどが残っているが、もとは高さ五m、長さは二四mあったという。石垣の上は天守台跡で、しっかりとした礎石が見られ、二層櫓が二棟建っていたとされる。天守台の北側は深くえぐれた大空堀だ。深さは一八m、その堀底に降りる道も整備されている。堀の向こうの北曲輪を東海道新幹線が走り抜けていく。

興国寺城は駿河、甲斐、伊豆の境目に位置していたため、今川氏、武田氏、北条氏が奪いあう渦中で城主はめまぐるしく変わった。早雲が伊豆の韮山城《にらやまじょう》に移ったあと、一五〇〇年代半ば（天文年間）に今川氏が城地を拡大、一五六九年（永禄一二）には駿河に侵入した北条氏の城となり、一五七二年（元亀三）ごろ武田氏が支配、一五八二年（天正一〇）武田氏が滅びると徳川・豊臣の武将が在城した。関ヶ原の戦い後、家康配下の天野氏が一万石で城主になったが、事件を起こした家来をかばって行方をくらまし改易になり、興国寺城は一六〇七年（慶長一二）、廃城となる。一九九五年（平成七）、国史跡に指定された。

天守台跡からの眺望はすばらしい。興国寺通りがまっすぐに東海道へとのび、千本浜の松原の向こうに駿河湾がきらめき、左手に早雲の本拠・韮山城のある伊豆半島を望むことができる。早雲は足利幕府の重臣伊勢氏の別家の出身で、名を伊勢新九郎盛時《いせしんくろうもりとき》（長氏《ながうじ》）といい、のち早雲《そううん》庵宗瑞《あんそうずい》を号するが、生前、北条早雲を名乗ってはいない。北条姓を称するのは子の氏綱《うじつな》の代になってからである。北条五代の基をひらいた早雲は、一五一九年（永正一六）、韮山城で八八歳で没した。

いまなお豪壮な規模を伝える興国寺城址と、そこから眺める駿河の海に、時代を疾駆した猛将の生涯が確かに刻まれていたのだ。（国指定史跡）

アクセス　ＪＲ東海道本線原駅からミューバス平沼循環で「東根古屋」下車、徒歩三分／ＪＲ東海道本線沼津駅から東平沼行きまたは吉原中央駅行きバスで「東根古屋」下車、徒歩三分／東名高速道路沼津ＩＣから国道一号線経由で三〇分

秀吉の小田原制覇の前線基地

石垣山城

関東で初の総石垣の城

相模国（神奈川県）小田原の石垣山城《いしがきやまじょう》は、関東で最初に造られた総石垣の城である。近江の石工集団・穴太衆《あのうしゅう》による野面積の石垣、櫓、天守台（天守があったかは不明）などを備え、長期戦に耐える本格的な城郭であった。

天下統一をねらう豊臣秀吉は、一五九〇年（天正一八）四月、北条氏討伐の本陣として、北条氏の本城小田原城の西三㎞ほど、標高二六一・五ｍの笠懸山《かさがけやま》の山頂に石垣山城を築城した。小田原城からの視線をさえぎるため、山中の樹木に覆われたまま骨組みを築き、完成後に周囲の木を伐採し、一気に覆いをはぎ取って、あたかも一夜にして築城したように見せたのだ。

北条側はさぞや驚き、戦闘意欲を失ったことだろう。このことから「石垣山一夜城」「太閤《たいこう》一夜城」とも呼ばれるが、実際は三～四万人を動員し、六月末に完成するまで、およそ八〇日間を要している。

秀吉はここに天皇の勅使を迎えたり、茶頭の千利休《せんのりきゅう》を招いて茶会を催したりした。寵愛《ちょうあい》していた側室淀殿や松の丸殿を、正室おねに頼んで呼び寄せ、能役者、猿楽師などに諸芸を演じさせ楽しんだ。威信を誇示すると同時に、北条方の諸将や城下の民を威圧するためだったとされる。

小田原城主北条氏は初代の北条早雲に始まり、氏綱、氏康《うじやす》を経て、四代氏政《うじまさ》のころには関東のほぼ全域を支配し、五代氏直《うじなお》の時代を迎えていた。

九州・四国を平定した秀吉は惣無事令《そうぶじれい》を発し大名間の私闘を禁じたが、北条氏は真田氏の領地・名胡桃城《なぐるみじょう》（群馬県）を北条領であるとして突然奪い、秀吉の上洛命令にも応じなかった。

戦闘を予測した北条氏は支城や砦を築き、難攻不落を誇る小田原城を大改修し、城下全体を総延長九kmにわたる大外郭で囲んだ。配下の関東諸城の城主や兵を城内に籠城《ろうじょう》させ、総兵力五万六〇〇〇ほどを擁して臨戦態勢に入る。

四月三日、秀吉軍は徳川家康をはじめ諸国の大名率いる二一～二二万ともいう軍勢で水陸から小田原城を包囲した。

関東大震災にも耐えた石垣

だが小田原では戦闘らしい戦闘も行われないまま、配下の関東諸城は相次いで落城する。長期戦になると城内から豊臣方に通じる者もあらわれ、七月五日、ついに氏直は降伏し、九日、城を明け渡す。

主戦派だった氏政、氏輝《うじてる》兄弟は切腹。穏健派だった氏直は家康の娘婿《むすめむこ》だったこともあり、高野山に追放となる。翌年赦免されたが病没、関八州（関東八カ国）に君臨した北条氏であれば、配流《はいる》の無惨は心身を弱らせたのかもしれない。

北条氏の滅亡とともに石垣山城も廃城になり、江戸時代は小田原藩の管理下に置かれた。一七二〇年（享保五）に作成された小田原藩の絵図によれば、石垣山城は南北にのびる尾根上の最高地点の本丸を中心に、西に天守台、南は大堀切を隔てて西曲輪、出城、北に二の丸、井戸曲輪、北曲輪、本丸の東に南曲輪などの曲輪群が築かれている。城内には瓦葺《かわらぶき》の枡形門など多くの門があった。

何度も発生した地震、とりわけ小田原沖を震源とする一九二三年（大正一二）の関東大震災にも耐え、一帯は開発の手が及ばなかったため、井戸曲輪の石垣など、築城当時の遺構をよく残す。

城址は石垣山一夜城公園となっており、早川駅からのハイキングコースに「石垣山に参陣した武将たち」として、秀吉、家康、伊達政宗《だてまさむね》、宇喜多秀家《うきたひでいえ》、淀殿など八人の説明板が各所に設置され、激戦の跡を語っている。(国指定史跡)

アクセス　ＪＲ東海道線早川駅から徒歩四〇分、タクシー一〇分／箱根登山鉄道入生田駅から徒歩五〇分、タクシー一〇分／西湘バイパス小田原ＩＣから約一五分／小田原厚木道路小田原西ＩＣから約一〇分／ＪＲ小田原駅から公園入口まで季節運行のバスあり

関八州を掌握した北条氏の本城

小田原城

謙信、信玄、秀吉も落とせなかった

箱根と足柄《あしがら》の山々を背景に、緑の木立に覆われる北条氏の居城小田原城址。北条時代の小田《おだ》

明治の廃城で解体され、新たに江戸時代の外観を基に再建された３層４階の「白亜の天守」

原城《わらじょう》は、現在の城址より西一・二kmの位置に築かれていた。小峯《こみね》の丘陵に、木立に覆われて土塁と大堀切が残っている。こここそ、関八州を支配した北条五代の権威と栄華の跡である。堀の幅は一五m、深さは一〇mにおよび、さらに裏手にも空堀が丘を断ち切り、不落の城の剛健な息吹きをいまに伝える。

およそ六〇〇年前、大森氏が築いた山城を、戦国時代の幕を切って落とした韮山城主北条早雲が攻め取り、その持ち城になった。以後、北条五代の約一〇〇年間にわたる居城となり、関八州掌握の本城として拡張されていく。

北条時代の残存遺構。現地を歩くと幅4.5mの平坦な堀底、障子掘、橋台が見られる

小田原駅に降り立つと、磯の香りがあたりを包む。古来、城下では豊かな漁業がいとなまれた。北条氏は城下を築くために、早くから、薬種商、呉服商、紙屋、鍛冶屋、刀工、木工職人などを呼び寄せた。農民政策も手厚く、租税が「五公五民」の戦国時代に「四公六民」を貫いたのは北条氏しかいない。町には現在も、北条時代からの伝統を継ぐ商家や職人が活躍している。

その城下に、一五九〇年（天正一八）天下統一を目前にした豊臣秀吉が攻め寄せる。攻撃を予測した北条氏は、城下町をすっぽりと包む総延長約九km、二重《ふたえ》戸《と》張《ばり》の門（二重の門扉を備えた門）を設けた大外郭を築く。「めぐり五里」ともいわれ、中世城郭史に例のない居城の出現をみた。

北条氏の小田原城は上杉謙信、武田信玄の侵攻をかわし、二〇万を超える大軍で水陸から囲んだ秀吉すら、武力で落とすことはできなかった。小田原を訪れたら、壮大な北条の城郭跡である小峯の丘に足を運ぶようお勧めしたい。

秀吉軍に包囲され三カ月の籠城を耐えた北条氏は、ついに城を明け渡し滅亡した。長い籠城に倦《う》み、城内から秀吉側への内応者が相次いだことによる。戦わずして滅ぼすことこそが、秀吉の当初からの策略だった。

徳川氏による城郭拡張

小田原合戦の戦後処理は容易ではなかった。敵味方数十万の軍勢の攻防のあとである。城下は飢餓に苦しんだ。城主となった徳川家康の家臣大久保忠世《ただよ》は涙を流し、自らも質素を貫いたという。

こののち、城主を務めた代々の家康家臣が復興につくし、東海道に面した現在の位置に近世城郭として生まれ変わり、箱根の関をひかえた関東の表玄関の押さえとして幕末にいたる。明治の廃城で建物は解体撤去されたが、一九六〇年（昭和三五）、三層四階の天守と付け櫓が江戸時代の外観どおりに復元された。天守台は藩政期のもので、現在の復興天守よりも壮大な五層天守を支えられる平面積を持つという。天守四階の展望室から望む相模湾の眺望は美しい。

お堀端通りに面した正面入口から登城筋に沿って城を訪れてみよう。侍屋敷のあった三の丸跡の市民会館のそばに大手門跡がある。ここにはかつて枡形に渡櫓を備えた冠木門《かぶきもん》があった。満々と水をたたえる二の丸東堀《ぼり》を馬出門土橋《うまだしもんどばし》（めがね橋）で渡る。馬屋曲輪、御茶壺曲輪脇の住吉堀の堀底に、北条時代の障子堀《しょうじ》の遺構が確認された。藩主の御殿、藩庁、能舞台など、壮麗な建物群があった二の丸跡に、北条氏の軌跡や小田原の町並みを紹介する歴史見聞館があり、小田原のたどった歴史を知ることができる。

本丸には華麗で格調高い本丸御殿がならんでいた。将軍の御成御殿《おなりごてん》として用いられ、徳川家康、秀忠《ひでただ》、家光《いえみつ》らが上洛の途に宿泊している。二の丸隅櫓、常盤木門《ときわぎもん》、銅門が再建され、整備が行き届いた小田原城だが、曲輪や堀、土塁などがよく残っている。とりわけ北条時代の本城跡である小峯御鐘ノ台大堀切と土塁は興味深い。秀吉の攻撃から城と城下を守るため築かれた惣構《そうがまえ》の壮大さを、いまも力強く訴えかけてくる。（国指定史跡）

アクセス　ＪＲ東海道本線・東海道新幹線・小田急電鉄・箱根登山鉄道・伊豆箱根鉄道大雄線小田原駅から北入口まで徒歩五分、正面入口（馬出門土橋）まで徒歩一〇分、南入口（藤棚）まで徒歩一三分

関東では稀有《けう》な石造りの城

金山城

謙信の猛攻をかわした「不落の城」

群馬県太田市のほぼ中央、標高二三五・八メートルの独立峰に築かれた金山城《かなやまじょう》は、関東ではきわめて珍しい石造りの城である。山全体が金山石と呼ばれる岩盤から成るため、これを用いて石垣を築くことが可能だったという。「野面積」で積まれた石垣は直線的に立ちあがり、あまり傾斜がないことに気づくが、大小の石がしっかりと組まれ、堅固であるという。

発掘調査は一九九二年（平成四）に始まり、もともとの石垣の上に新しい石垣を積んで修復が進められた。

尾根道を登ってすぐの物見台からの展望はすばらしく、関東平野の全方位が見渡せる。黄金色に実った田は古代から裕福だった上野国《こうずけのくに》（群馬県）ならではの風景だ。

壮大な山城・金山城は、戦国初期の一四六九年（文明元）、岩松《いわまつ》氏が築き、一五二八年（享禄元）、由良成繁《ゆらなりしげ》が下剋上で奪った。

本格的な石垣の大手虎口跡。両脇を守る美しい石垣に圧倒される

戦国まっただなかの上野国は、武田氏、上杉氏、古河《こが》公方《くぼう》（関東足利氏）、北条氏の強大な勢力に囲まれており、由良成繁は巧みな外交で東上州《ひがしじょうしゅう》の盟主の座を手にした。二度にわたる上杉謙信の猛攻をかわし、金山城は「不落の名城」として知られたが、謀略によって小田原北条氏に奪われ、北条氏が豊臣秀吉に討たれたあと廃城となった。

尾根筋をたどって馬場曲輪を抜け、深くえぐられた大堀切を過ぎると、石組で丸く囲った「月ノ池」があらわれた。貯水用の遺構だという。

少し登るとようやく大手虎口だ。みごとな石垣である。主郭にいたる大手道は全長三五m、幅一・五〜一・八mの石段の道に水路も掘られ、高く積まれた石垣が両脇を守る。

見あげるほどの土塁石垣に行く手をさえぎられた。土塁の下部に石垣がほどこされている。威圧感はもちろんなのだが、その美しさに目を奪われ、しばし足を止める。石垣ファンにはたまらない光景であろう。土塁石垣は北条氏末期の築城技術の特徴だといわれる。

土塁下部を石垣で支える、珍しい「腰巻石垣」の構造

南曲輪の眼下には石組で囲まれた円形の「日ノ池」が満々と水をたたえる。円の直径一六mあまり、ここは祭祀《さいし》の場で、戦勝の祝いや雨乞いをする聖地と伝えられる。

南上段曲輪には炊事場の掘立柱建物が復元され、生活の場でもあったことを実感させる。日ノ池の北側の二ノ丸と三ノ丸を左手に見て尾根を登ると本丸（実城）に着く。ゆっくり見ながら登って来て、ここまで一時間ほどだった。

山頂には南北朝の動乱に散った新田義貞を祀る新田神社が鎮座する。太田市一帯は、同族足利氏と対立した新田氏の故郷なのである。

上州の豊かな田畑を見下ろす金山城址は新緑や紅葉も美しく、ハイキングコースとして親しまれている。（国指定史跡）

アクセス　東武伊勢崎線太田駅から徒歩四〇分、タクシーで一〇分／北関東自動車道太田桐生ＩＣから一〇分／関越自動車道東松山ＩＣまたは花園ＩＣから六〇分／東北自動車道館林ＩＣまたは佐野藤岡ＩＣから四五分

戦国強豪が争奪戦を繰り広げた北関東の要地

箕輪城

徳川四天王・井伊《いい》直政《なおまさ》ゆかりの遺構

箕輪城《みのわじょう》は群馬県の北西部、榛名山《はるなさん》の東南麓に広がる丘陵の中心部に位置する。東西五〇〇ｍ、

曲輪跡、堀跡、野面積の石垣がよく残り、中世の息吹を伝える

南北一一一〇m、面積四七haにおよぶ広大な平山城で、西側は榛名白川《はるなしらかわ》、南側は椿名沼《つばきなぬま》の湿地帯という自然の地形を防御の構造に巧みに利用している。

標高二八〇mほどの霊置山《たまきやま》の頂上部から尾根に沿って、新曲輪《しんぐるわ》、稲荷《いなり》曲輪、御前《ごぜん》曲輪、本丸、二の丸、郭馬出《かくうまだし》など数多くの曲輪が配され、城域面積のうち一九haが国指定史跡となっている。

戦国期の関東は、鎌倉公方《くぼう》（古河公方・足利幕府の関東における出先機関の長官）足利氏と関東管領上杉氏の戦いで、畿内より一〇年ほど早く動乱の時代に突入、やがて武田、織田、徳川、上杉、北条と、名だたる強豪戦国武将が、この地の奪取をこころみて騎馬を馳せた。

箕輪城は一五一二年（永正九）ごろ豪族長野氏が築城し、代々の本拠とした。武田氏が西上野《にしこうずけ》に侵攻すると長野氏は激しく抵抗を続けるが、一五六六年（永禄九）、難攻不落をうたわれた城は、ついに信玄の発した軍によって落城し長野氏は滅亡する。

このとき箕輪城への調略と攻撃の先鋒をつとめ、武田軍を勝利に導いたのは、信州真田郷《さなだごう》の豪族真田幸隆《ゆきたか》（幸村の祖父）であった。幸隆は一五四一年（天文一〇）、武田氏・諏訪氏・村上氏の連合軍に敗れ上州に亡命、妻子や家臣ともども数年にわたり長野氏の庇護《ひご》を受けたが、のち信玄に臣従した。戦国武将の誰もが生き残りを賭《か》けて戦った時代だったとはいえ、恩顧の長野氏を討ったのである。興亡の無常を思わずにはいられない。

織田信長軍の攻撃により武田勝頼が滅ぶと、信長配下の滝川一益《たきがわかずます》が入城、二カ月半ほどのち信長が本能寺の変で自刃し、北条氏が城主になった。

一五九〇年（天正一八）、豊臣秀吉は小田原攻めで北条氏を滅ぼし、徳川家康に関東を与える。このとき、「徳川四天王」のひとりに数えられる家康の重臣井伊直政は、家康配下のなかで最大石高の一二万石をもって箕輪城に封じられ、城を近代城郭に改修していく。八年後、直政は家康の命で高崎城を築城して移り、箕輪城は廃城になり約八〇年の歴史に終止符を打った。

現在、箕輪城址に見られる遺構は井伊時代のものがほとんどで、本丸には三カ所の虎口跡がよく残る。御前曲輪から稲荷曲輪へと土塁を下ると、堀跡が見学コースになっており、三の丸跡では井伊家のものより構築時代がさかのぼる野面積の石垣が見られ興味深い。城址の各所に案内の標柱などが建てられ、見どころも多く、往時を存分に思い描きながら樹林帯や草地を心

地よくめぐることができる。（国指定史跡）

アクセス　ＪＲ高崎駅から箕郷行きで三〇分「箕郷本町」下車、徒歩二〇分／伊香保温泉行きで三〇分「小学校前」下車、徒歩五分「城山入口」下車、徒歩五分「東明屋」下車、徒歩一五分／関越自動車道前橋ＩＣから五分

武田信玄の堅城、戦国屈指の激戦の舞台

高遠城

最強武田軍団の面目

高遠城《たかとおじょう》（長野県伊那《いな》市）は上伊那に侵攻した武田信玄が、一五四七年（天文一六）、古代からの交通の要衝に築いた堅城だった。宿敵・織田氏の『信長公記』にも堅固な高遠の城と書かれ

ている。

三峰川《みぶがわ》と藤沢川《ふじさわがわ》が合流する河岸段丘上に築かれた平山城で、三峰川からの比高は七〇m、青く澄む激流が岩肌を洗う。断崖を巧みに取りこんだ、まさに甲州流縄張の城である。本丸、二の丸、三の丸などが、それぞれ深い空堀で守られていた。

信玄は四男勝頼を高遠城代に据えて守らせ、のち五男仁科盛信《にしなもりのぶ》が城主になり、武田氏の軍事拠点として兄勝頼を支える。一五七三年（元亀四）に信玄が没しても、織田信長にとって武田氏は強敵であった。一五八二年（天正一〇）二月、信長は嫡子・信忠を総大将に討伐の軍を発する。

三月一日、伊那谷を北上した織田軍の本隊は高遠城から一里ほどの場所に陣を張り、城主・仁科盛信に黄金一〇〇枚を贈って投降をうながした。このとき盛信は二六歳、「信玄以来の鍛錬のほどをお目にかけよう」と黄金を突っ返したと伝えられ、本丸に本陣を置いて徹底抗戦に踏み切った。高遠城は攻撃が難しい堅城だ。籠城して戦ううちに兄勝頼の援軍が到着する手はずになっている。

織田軍は総勢五万三〇〇〇という大軍だった。その夜のうちに精鋭部隊が城を包囲、夜明けとともに怒濤《どとう》のように城内に攻めこんだ。高遠城の城兵は三〇〇〇足らず。大手口が破られ、三の丸、二の丸で激戦、敵は本陣に迫り、城兵は防戦一方となる。勝頼軍は来なかった。女・子どもまでが果敢に戦い、惨殺されていく。わずか一日の攻防で、盛信以下ほとんどの将兵が壮絶な最期を遂げた。

信玄の死後、一族や重臣など多くの武将が逃亡、あるいは敵方に投降、武田勢は崩壊していくのだが、高遠城だけは戦国最強とおそれられた武田軍団の面目を後世に伝えたといっていい。高遠城が落城した翌月、勝頼は新府城を棄てて天目山へと逃走、重臣小山田信茂の裏切りに遭い、天目山の麓の田野で自刃、武田氏は滅んだ。

武田武士の誇りと気概

江戸時代には保科《ほしな》氏、鳥居《とりい》氏に続いて内藤《ないとう》氏が入城し、八代で明治維新を迎えた。廃藩後、城内の建物は解体、売却された。のち城址には一五〇〇本以上の薄紅色のタカトオコヒガンザクラが植えられ、樹齢一三〇年以上の古木とともに信州の遅い春を華麗に彩る。

桜が満開の高遠城址を訪れた。諏訪から杖突《つえつき》街道を車で越えて小一時間、このルートは勝頼の援軍が駆けつけるはずの道だった。ピンク色に包まれた丘陵が遠目にも城址だと分かる。

搦手門跡から入り、空堀を渡ると、もう桜の回廊だ。まるで花の雲海に紛れこんだかのようだ。赤みをおびた小ぶりの花は、たわわに枝を包み、城址を覆う。花の向こうは残雪の中央アルプスの峰々、振り向けば間近に南アルプスの峻険《しゅんけん》な岩稜《がんりょう》が純白の姿で迫る。

桜に惑わされずに遺構をめぐろう。城址は深い空堀、土塁がめぐらされ、断崖には竪堀が切られている。

問屋門《とんやもん》をくぐり、桜雲橋《おううんばし》を渡る。橋の下の空堀は傾斜角四〇度、幅一五m、深さは一七mもある。深い空堀の向こうが本丸、広さは七〇m四方ほどあるだろうか。花見客があふれるこの場所に、織田軍を迎え撃つ仁科盛信の本陣があった。盛信は陣頭に立ち、乱戦の渦に踏みこんで斬りまくり、ついに武運つきた戦場である。爛漫《らんまん》の花のもと人波に押されながら、武田の意地をかけて戦った主従を思い、ただ立ちつくすしかなかった。

四月半ばから下旬の花どきならば、人出を避けて早朝の訪問にかぎる。深緑の夏、錦繡《きんしゅう》に彩られる秋、雪景色の冬、それぞれに、戦国屈指の激戦の舞台・高遠城は最後の武田武士の誇りと気概、悲哀を語ってやまない。

本丸には仁科盛信とのちの藩主を祀る新城藤原《しんじょうふじわら》神社、明治期の建物太鼓櫓《たいこやぐら》が建つ。すぐ西側は信玄の軍師で高遠城の築城を差配した山本勘助《かんすけ》ゆかりの勘助曲輪だ。三の丸には幕末に創設された藩校進徳館《しんとくかん》や高遠城城門が残っている。タカトオコヒガンザクラの花が赤みをおびて

いるのは、ここに散った仁科盛信や城兵たちの血がにじんでいるからだという。(国指定史跡)

アクセス　ＪＲ飯田線伊那市駅から高遠方面行きバスで二五分、「高遠」下車、大手門まで徒歩二五分／中央高速道路諏訪ＩＣから六〇分、伊那ＩＣから三〇分

東北最古の野面積石垣

九戸城

首のない女性の骨が出土

岩手県北東部二戸《にのへ》市の九戸城《くのへじょう》、城跡に立てば、よくぞこの大規模な城址が遺されたものと感嘆する。緑あふれるのびやかな城址には、戦国時代最後といわれる壮絶な戦の歴史が刻まれている。ここは豊臣秀吉の天下統一に抵抗した「九戸政実《まささざね》の乱」の舞台であった。

一五九〇年（天正一八）七月、秀吉は小田原北条氏を滅ぼすと、奥羽仕置（奥羽地方に対する領土統治）を開始、奥州巡察を行って諸大名の所領を確定し、八月、天下統一の総仕上げが完了した。三戸城《さんのへじょう》（青森県三戸郡）を本拠とする南部《なんぶ》家については信直《のぶなお》を当主と認め、他の一族には南部家への従属を求めた。

この処置に対し南部一族の有力者九戸氏は反発、天下統一が成った数カ月後の一五九一年（天正一九）三月、精鋭を率いて挙兵。苦境に陥った南部信直の要請により、秀吉は奥羽再仕置軍を派遣した。九戸政実の蜂起は、秀吉政権への反乱とみなされたのである。

九月一日、九戸城に奥羽再仕置軍が迫る。翌二日、六万騎の秀吉軍は五〇〇〇人の兵が籠城する九戸城を包囲、鉄砲、火矢、毒矢などで猛攻を加えた。しかし南部一族随一の精鋭からなる政実軍である。苦戦する秀吉軍は四日、「開城すれば残らず助命する」と和議を勧告する。政実は秀吉軍の条件を受け入れ、死を覚悟のうえ降伏した。戦国作法の慣わしなら大将格の数人が切腹し、城兵は助命される。だが秀吉の裁きは苛烈《かれつ》だった。城兵一五〇人が選びだされ、政実とともに斬首されたと伝えられる。それだけではない。城内にいた城兵、城に逃げこんでいた女や子どもまで二の丸に追いたてて撫斬《なでぎ》りにし、火を放ったのである。紅蓮の炎は三日三晩夜空を焦がしたという。

九戸城が落城したあと、残党の反乱を警戒した再仕置軍の総大将蒲生氏郷《がもううじさと》が城と城下町を改修し、南部信直に引き渡され、名を福岡城に改めた。だが領民は九戸氏を偲び、その後も九戸城と呼び続ける。東北新幹線の二戸駅構内には山車《だし》に乗った政実像が飾られていた。悲劇の武将に寄せる思いは、なおも厚い。

六年後の一五九七年（慶長二）、信直はあらたに築いた不来方城《こずかたじょう》（盛岡城）に住まいを移し、一六三六年（寛永一三）、信直の子・利直が盛岡城を本拠とし、九戸城は廃城、破却された。

九戸城の築城は一五世紀末ごろと伝えられる。三方を馬淵川、白鳥川、猫淵川に囲まれた比高三〇mの丘陵の突端部に築かれた平山城で、「難攻不落」を誇った。秀吉軍は川向こうの峻険な崖を挟んで城を囲み布陣したのである。

現存する城址の広さは三四万㎡（東京ドームの約一〇倍）、うち二一万㎡が国の史跡に指定地されているが、城址の北側、白鳥川の断崖の傾斜はいま見ても非常に急で、秀吉軍が攻めあぐねたさまが実感できる。本丸隅櫓跡は城址でもっとも標高が高く、見渡すと城の構造がよく分かる。合戦の篝火《かがりび》がここに焚かれ、鬨の声や烽火《のろし》があがったのだ。秀吉による天下統一の総仕上げの血塗られたページは、のちの権力者に消されてしまい、伝承だけが残っていた。二の丸跡から無数に刀傷のある四肢骨、首のない骨など女性を含む複数の人骨が発掘されたのは、実に四〇〇年後、一九九五年（平成七）のことであった。敗残とはこういうことなのかと悲哀が込みあげる。

若狭館《わかさだて》、石沢館《いしざわだて》（外館《とだて》）は城域を半円形に囲む旧九戸城の姿をとどめている。改築された福岡城の遺構である本丸、二の丸、松の丸の各曲輪は直線的にならび、本丸追手門、枡形虎口、隅櫓、深い空堀、高い土塁、東北最古の本丸の野面積石垣などが、東北有数の城の規模を、いまもありありと伝える。

悲劇の跡は地に埋もれてしまったが、九戸氏の気概と無念に思いを馳せる歴史ファンが、四季折々に城址を訪ね散策する。（国指定史跡）

アクセス　東北新幹線・いわて銀河鉄道二戸駅からＪＲバスで「呑香稲荷神社前」下車、徒歩五分／八戸自動車道一戸ＩＣから一五分

第二章　大東京で探す「幻の名城」

天守を焼失して三六〇年、日本最大の城

江戸城

巨大な天守や「松の廊下」の表御殿

東京の城の巻頭を飾るのは、江戸城《えどじょう》をおいてほかにない。天守が失われ、御殿が取り払われても、天下の名城であることはゆるぎない。天下人の居城・江戸城。徳川将軍家の築いた巨大城郭は、諸大名に命じられた「天下普請」によって戦国期の築城術の粋を集めた城となる。敵の侵入をくい止める深い堀、そそり立つ石垣、跳ね橋、枡形門《ますがたもん》、豪壮な櫓《やぐら》。さらに、壮大な天守や城内を埋めつくす殿舎群。幕藩体制が造りだした、近世日本最大の城であった。世界に繁栄を誇る大都市東京の中心に、幾星霜の歴史をくぐり抜けた壮観な遺構がいまなお残り、往時の栄華を語り継ぐ。

現在、富士見櫓《ふじみやぐら》など櫓三基と大手門、平川門など多数の城門が残り、石垣と内堀がよく保存されている。一九六三年（昭和三八）、特別史跡になり、一九六八年（昭和四三）、旧本丸跡、二の丸跡、三の丸跡の一部が皇居東御苑《ひがしぎょえん》として公開された。

上空から見た江戸城跡。太田道灌が築城、家康の居城、政治の中心から大政奉還で皇居に

それでは江戸城跡の散策に出発しよう。東御苑には大手門、平川門、北桔橋門《きたはねばしもん》のいずれからも出入りできるが、諸大名の登城口・大手門から入城する。大手門は外枡形構造で、高麗門《こうらいもん》（門扉、控え柱の上に屋根のある門）、石垣、土塀、櫓門が四角い空間をつくり、敵勢の直進をさまたげ、上からねらい討つ仕組みだ。櫓門は一九六七年（昭和四二）の再建である。三の門跡の壮大な石垣の先は百人番所だ。一〇〇人を超える与力や同心が詰め、厳しい検問を行った。鴨居《かもい》が低く、当時の武士たちの身長が推測できる。

中の門跡では、門柱跡の丸い穴や、江戸時代のままという石畳を見落とさないようにしよう。同心番所や大番所の屋根瓦《やねがわら》には徳川家

江戸城天守台跡。家康、秀忠、家光が、それぞれ壮大な５層天守を築いたが、明暦の大火で焼失後は再建されなかった

の葵紋《あおいもん》が残っている。江戸城に入城した維新政府が、ここだけ葵紋を削り忘れたのだろうか。政権を追われた人びとへの悲哀の念がよぎる。中雀門《ちゅうじゃくもん》の石垣はぼろぼろで、亀裂が走り、真っ黒に焼けている。幕末に本丸御殿が焼けたときに類焼した痕《あと》といわれ、火災のすさまじさをとどめたままだ。

ここまで来るあいだに、注意深く足元に目を凝らしておきたい。ゆるやかな登り坂になっていることに気づくことだろう。高低差は均《なら》され、ほぼ平坦に感じられるが、かつては雁木坂《がんぎざか》（長い石段）であった。城門の入口に設けられた石段は、段の幅や段の高さがそれぞれ異なる場合が多い。侵入者が容易に駆け登れないための工夫である。北の丸公園の旧江戸城清水門跡には、雁木坂がいまなお残っていて守りの構造を知ることができる。ぜひ足をのばしていただきたい。

さて、東御苑に戻ろう。中雀門を抜けると、本丸大芝生が目の前にひらける。歴代将軍が君臨し、天下支配の中枢を担った江戸城の政庁、本丸跡である。本丸御殿の総面積は約一万坪。政務を執る表《おもて》、将軍公邸の中奥《なかおく》、将軍夫人である御台所《みだいどころ》や奥女中などが暮らす将軍私邸大奥《おおおく》の殿舎が、南から北へぎっしりと建ちならんでいた。およそ六〇〇〇坪の大奥は将軍の跡継ぎを産み育てるためのシステムで、ドラマなどに渦まく嫉妬《しっと》や謀略が描かれるが、ここは千人におよぶ女性たちが起居し働く職場でもあった。御台所を頂点として、万事を采配する管理職「御年寄」を筆頭に二〇以上の職務階層に分かれていた。将軍や御台所の身の回りの世話、諸芸・教養の指南、文書記録、裁縫、炊事、さらに水汲《く》み、掃除などの下働きまで給与、待遇が異なる。身分に上下はあっても、彼女たちは大奥という巨大役所で公務に携わるキャリアウーマンだったのだ。

赤穂《あこう》藩主浅野《あさの》内匠頭《たくみのかみ》の刃傷《にんじょう》事件で知られる表御殿の松の廊下は、蓮池濠《はすいけぼり》寄りの中庭に面していた。本丸と西の丸を画する蓮池濠の上に、長屋造りの富士見多聞《たもん》が建つ。多聞は櫓の一種で、ここには鉄砲や弓矢が納められていた。二〇一六年から、通年で内部が一般公開され見学できるようになった。付近の生垣のあいまからは、春と秋に一般公開される皇居乾《いぬい》通りを垣間《かいま》見ることができる。

平川門は参詣《さんけい》などで外出する奥女中の通用門であったため「御局御門《おつぼねごもん》」とも呼ばれた。脇に小さな門がある。石段の陰になるので見落としやすいが、これが帯曲輪門《おびぐるわもん》で、城内で罪人や死人が出ると、この門から出されたので「不浄門」といわれた。浅野内匠頭や、役者との密通を問われた上臈《じょうろう》絵島《えじま》は、罪人としてここから城外へ出された。いまなお語られ演じられる歴史のひとこまの舞台だったのである。

天守台の威風を見あげ、ひとり旅の外国人男性が感嘆の声をあげた。天守は望楼と攻守の砦《とりで》の役割を持つのだが、江戸城天守は日本の城郭史上、最大の規模を誇った。一六五七年（明暦三）の大火で焼失後、再建は見送られ、代わりに江戸城の中心部、本丸の南東隅に建つ三重層の富士見櫓が天守の役目を果たすようになった。公開されていないが、柵《さく》越しに風格のある姿を眺められる。ここに将軍が立ち、品川の海を見晴らして海防策を練ったり、月見や両国の花火にくつろぐさまなどが目に浮かぶ。

このほかにも巽《たつみ》櫓と石垣の影を映す水堀、石工の技術の精巧さや芸術性を語る壮大な石垣、跳ね橋を持つ北桔橋門、四季折々の植物など、多くの遺構や美をふんだんに味わうことができ、訪れるたびに新しい発見に驚かされる。

江戸の開祖、太田道灌《どうかん》を偲《しの》ぶ

城の虎口を防御する清水御門跡の雁木坂。石段は段差が大きく敵の侵入を阻んだ

江戸城の歴史は徳川期以前にさかのぼる。一二世紀の初め、草深い武蔵国《むさしのくに》江戸郷の丘陵に、関東武士江戸重継《えどしげつぐ》が館《やかた》を構えた。一四五七年（長禄元）、その跡に、扇谷上杉《おうぎがやつうえすぎ》氏の家宰《かさい》（家老）・太田道灌が江戸城を築城当時、ここは海辺であった。きっと、草の茂る丘の足元を波がひたひたと洗っていたのだろう。本丸と二の丸のあいだに汐見坂《しおみざか》の名が残る。のち扇谷上杉氏が城主になるが小田原を掌握した北条《ほうじょう》氏に攻められ敗走。以後、江戸城は北条氏による武蔵・上野《こうずけ》攻略の拠点になった。

一五九〇年（天正一八）、豊臣秀吉《とよとみひでよし》が北条氏を滅ぼし、その旧領関八州が徳川家康《とくがわいえやす》に与えられ、江戸城は一大変貌《へんぼう》を遂げる。家康は江戸城を本拠と定め、やがて征夷大将軍となり、将軍の居城、中央政庁としての威容を整えていく。神田山の切り崩し、入江の埋め立て、掘割の開削により城下を整備。城を拡張し、本丸、二の丸、三の丸、西の丸を設けた。

普請は二代秀忠《ひでただ》、三代家光《いえみつ》に引き継がれ、内郭《うちぐるわ》、外郭が完成。堅牢な堀と石垣を備えた日本一の居城となった。明暦三年の大火で五層六階の天守、諸殿舎を焼失、のち天守を除いて再建される。一五代将軍慶喜《よしのぶ》は大政を奉還、江戸城は朝廷に明け渡され、東京城《とうけいじょう》と改称。明治天皇の行幸によって皇居となり、大きく姿を変えた。

二の丸雑木林は昭和天皇の発意で造営された。ナラやクヌギ、野の花が生い茂り、東京のまん真ん中に武蔵野の自然が息づき、ここには都心の騒音も届いてこない。深い緑にかき消されてしまうのだろうか。江戸の開祖・太田道灌の時代、葦《あし》のなびく浜辺を前にした江戸城は、このような風景に包まれていたのかもしれない。(国指定特別史跡)

アクセス　大手門へは地下鉄大手町駅・JR東京駅／平川門、北桔橋門へは地下鉄竹橋駅／皇居外苑、二重橋、桜田門へは地下鉄二重橋前駅・日比谷駅・桜田門駅・JR東京駅・有楽町駅をそれぞれ利用

武蔵国から東京への大変貌のなかで

世界に冠たる大都市・東京。高層ビルが林立し、道路や鉄道網が張りめぐらされ、商業施設がひしめき、さらに大手町や渋谷地区などの再開発も進む。

日々、たゆむことなく変貌をとげてゆく東京だが、刻んできた歴史の遺産を二三区や多摩地区のそこここに発見することができる。小さなバッグを片手に、城跡に出合うゆったり散歩に出かけてみよう。まずは予備知識として東京に城が築かれた背景をたどっておく。

『日本書紀』に登場する古墳時代の武蔵国

武蔵国が文書にあらわれるのは五三四年（安閑元）のこと、国造《くにのみやつこ》（国の長）の地位争いが起きたと『日本書紀』が記す。武蔵国は現在の神奈川県、埼玉県、東京都の全域を含む。東京都の領域には豊島《としま》郡、荏原《えばら》郡、下総国葛飾郡《しもうさのくにかつしか》の一部、多麻《たま》郡などがあり、大和朝廷の支配下に組みこまれていく。

埼玉県行田市の大型古墳群「さきたま古墳群」一帯は武蔵の国造の本拠地だったとされる。古墳からは大量の武具や馬具が発見された。争乱の時代だったことを物語る。戦の砦も築かれただろうが、その痕跡《こんせき》は確認できていない。

江戸に幕府を開き、世界最大の都市へ

平安後期から鎌倉時代にかけて、武蔵七党《むさししちとう》や坂東八平氏《ばんどうはちへいし》といわれる在地武士団（現地で所領を支配する武士集団）が興った。多摩地方に発した武士団・「武蔵七党」は武蔵国を中心に下野《しもつけ》、上野、相模《さがみ》へ、秩父平氏《ちちぶへいし》（桓武《かんむ》天皇の子孫の系統の平氏で武蔵国秩父を基盤とした）を祖とする「坂東八平氏」は武蔵から相模、房総、常陸《ひたち》にまで勢力を伸ばし、源頼朝《よりとも》の挙兵に加わるなど、武士の台頭により東京も戦乱の絶えない地となった。豊島、足立、葛西、練馬、板橋、赤塚、志村、滝野川、渋谷、江戸、蒲田などは秩父氏庶流の姓である。東京の地名に残っていて、秩父平氏がいかに広く勢力を張っていたかが分かる。

室町時代の東京は太田道灌の活躍がめざましい。先に記したように、扇谷上杉氏の家宰として江戸城、河越《かわごえじょう》城などを築き、武蔵国の諸勢力の均衡を維持しようとするが暗殺されてしまう。代わって小田原北条氏が進出し武蔵国をはじめ関東一円を制覇、諸城を築く。一五九〇年（天正一八）、豊臣秀吉は北条氏を滅ぼし、関東地方を徳川家康に与えた。家康は関ヶ原の戦いを経て江戸に幕府を開き江戸城を改修、一八世紀には一〇〇万の人口を数え、パリやロンドンを

しのぐ世界最大の都市に成長、現在の東京の基礎が築かれた。

それでは東京二三区から多摩地区まで大東京に残された「幻の名城」を求めて、城址めぐりに出かけよう。

豊島区に名を残す名門豊島一族の諸城

平塚城（豊島城）

鎮護のための平たい塚

平塚城《ひらつかじょう》は武蔵国豊島郡（東京都北区）にあった。別名は豊島城。豊島氏の本拠になっていた。

荒川が掘り削った崖上に築かれた中世の代表的な平山城だ。秩父氏本家から分かれた一族の武士豊島氏は、主に石神《しやくじ》井《い》川沿いの南武蔵（東京都）に勢力を持ち、平安時代に郡衙《ぐんが》（郡役所）があったこの地に築城、室町時代にかけて国人領主（土地の豪族）として勢力を張った。

城址《じょうし》とされる地に平塚神社が建つ。一〇八七年（寛治元）、奥羽の豪族の内紛「後三年の役」を平定した源義家《よしいえ》が、帰路、平塚城に逗留《とうりゅう》、豊島太郎近義《ちかよし》に鎧《よろい》と守り本尊の十一面観音を与えたと伝えられる。のち近義は城の鎮護のため拝領の品を城内に埋め、平たい塚を築き社を建立、これが平塚城の名の由来とされる。

室町時代、豊島氏は石神井城（練馬区）に本拠を移す。

豊島泰経《やすつね》は戦国時代初期の一四七六年（文明八）に勃発《ぼっぱつ》した「長尾景春《ながおかげはる》の乱」で長尾方に与《くみ》し、山内《やまのうち》・扇谷の両上杉氏と戦ったため、一四七七年（文明九）、扇谷上杉氏の家宰太田道灌に持ち城の石神井城、練馬城を攻撃された。泰経は平塚城で再起を期すが、翌年一月、落城し逃亡、名門豊島氏は歴史の表舞台から姿を消した。平塚城址の前にある蟬坂《せみざか》は、かつて攻坂《せめざか》と呼ばれ、地名は長いあいだ戦の痕跡を残していた。

平塚神社本殿の裏にまわってみよう。甲冑《かっちゅう》塚と土塁状の土手が見られ、平塚の名の由来が納得できる。神社の向かいに、一四世紀ごろの虎口《こぐち》跡、井戸、墓の跡などが発見され、人骨、馬骨、板碑、宝篋印塔《ほうきょういんとう》、馬具などが出土した。かつては付近に「角櫓《すみやぐら》」「外輪橋《そとぐるわばし》」などの小字名があったという。城域は平塚神社から飛鳥山公園のあたりまでと推定され、大規模な城であったことが分かる。

豊島氏は紀伊国《きいのくに》から熊野《くまの》権現を勧請し、豊島郡内に多くの熊野神社を創設した。王子神社は、その最大のものである。

アクセス　ＪＲ京浜東北線上中里駅下車すぐ

土塁と空堀をめぐらせた内郭が残る

石神井城

素朴な中世城郭

練馬区石神井台の石神井《しやくじい》城跡《じょう》は、現在は都立石神井公園として整備されている。石神井城址の散策は、水辺の明るさ伸びやかさ、木々のざわめきに心なごむ。園内には石神井池、石神井川の水源三宝寺《さんぽうじ》池があり、井《い》の頭《かしら》池、善福寺《ぜんぷくじ》池とならぶ武蔵野三大湧水池《ゆうすいち》として知られる。

石神井城中心部の土塁と堀跡。水堀の役割を果たした三宝寺池が、落城の悲哀を伝える

石神井城は室町中期ごろ豊島氏が築いた平山城。石神井川と三宝寺池に挟まれた標高四九mほどの舌状台地（舌の形に張りだした台地）にあり、約三五〇m四方に主郭と外郭が設けられた素朴な中世城郭である。一四七七年（文明九）、太田道灌に攻められ、翌年、落城した。

滅びにまつわる伝説が伝えられている。落城のとき、城主豊島泰経は豊島氏伝来の金の鞍《くら》を置いた白馬にまたがって背後の崖に登り、攻め寄せる太田道灌軍の眼前で三宝寺池に飛びこんで深く沈み、娘の照姫もあとを追って崖の上から身投げしたという。その崖もいまでは穏やかな丘陵となっているが、道灌はふたりの死を悼んで崖のほとりに塚を建てた。公園の一角に、ふたりを偲ぶ殿塚と姫塚がある。勝者の敗者への哀惜がしみじみと伝わってくる。江戸時代までは、天気のよい日に水底に黄金の鞍が光って見えたという。

公園化、宅地化によって旧態は失われたが、土塁と空堀をめぐらせた内郭が残っている。一九五六（昭和三一）年以降の数次の発掘で、折れ曲がった堀・土塁が城内を複数の曲輪に区切っていたことが分かり、一二世紀から一六世紀前半までの陶磁器が出土している。太田道灌との対立が深まった時期、道灌の江戸城に対峙《たいじ》する城として、大規模な増改築が行われたとみられる。

秋空を映す三宝寺池のほとりで、付近の小学生が先生に引率され写生をしていた。城跡あたりの木立は新緑や紅葉、冬枯れの眺めも美しく、四季折々、憩う人びとがそぞろ歩む。都内有数の城址は公開日を除き、保護のための柵内に入れないのだが、小高く盛りあがる内郭跡や空堀跡のくぼみが確認できる。公園の外側にも、かなり深い堀跡がある。石神井城は強固な防備を備えた要塞《ようさい》だったのである。（東京都指定文化財）

アクセス　西武池袋線石神井公園駅から徒歩七分／西武新宿線上井草駅から長久保行きバスで「三宝寺池」下車すぐ／石神井公園行きで「石神井公園」下車すぐ

「としまえん」の入口に残る中世の「砦」の跡

練馬城

わずかな盛り上がりが伝える城の跡

現在、練馬城址は練馬区の遊園地「としまえん」の園内に埋もれている。一四世紀末ごろに豊島氏が石神井城の支城として築いた平山城。石神井川を北にした微高地に、いくつも谷戸（丘陵が浸食されて形成された谷状の地形）が形づくられ、谷戸と谷戸のあいだの低い丘陵の一つが、練馬城《ねりまじょう》の城地だった。約一〇〇㎡の居館跡は北に本曲輪、南に丸馬出《まるうまだし》状の外郭が設けられた中世の「砦」であり、空堀と土塁が確認されている。

一四七六年（文明八）から起こった「長尾景春の乱」では、太田道灌が練馬城に矢を撃ちこみ、周辺に火を放った。

城主豊島泰明《やすあき》は石神井城に在城する兄泰経《やすつね》と謀議して全軍で出撃、両者は江古田原《えごたはら》で激突する。地下鉄大江戸線の江古田駅一帯から西武新宿線沼袋《ぬまぶくろ》駅に近い桜の名所哲学堂《てつがくどう》公園のあたりが江古田原古戦場跡である。妙正寺川《みょうしょうじがわ》の河岸段丘にある哲学堂公園は、勇猛果敢な鎌倉武士和田義盛《わだよしもり》の館跡だという。

道灌との戦いで豊島泰明は討死、練馬城は廃城にいたった。「としまえん」は大正期の開園時、豊島氏にちなみ「練馬城址豊嶋園」と名づけられていた。豊島区ではなく練馬区にあるにもかかわらず「としまえん」とした由縁である。

「としまえん」に行ったら入口の少し先に目をやってみよう。わずかな盛りあがりがたしかに感じ取れる。かろうじて城の面影を残す場所だ。その奥に城館があったといわれる。（東京都指定文化財）

アクセス　西武池袋線豊島園駅下車すぐ／都営地下鉄大江戸線豊島園駅下車すぐ／西武池袋線・都営地下鉄大江戸線練馬駅北口からバス成増南口行き、「豊島園」下車すぐ／西武池袋線・都営地下鉄大江戸線練馬駅からバス赤羽駅行き、「豊島園」下車すぐ

渋谷城と金王八幡宮

天然の堀、泉、舟運、古街道——渋谷は城地として絶好の場所

乗降客で混みあう渋谷駅を出て渋谷警察署方向へ歩道橋を渡り、わずか五〜六分ほど、ビル街を歩いて南に曲がると、道路よりも一段高い場所に金王八幡宮《こんのうはちまんぐう》が鎮座する。この高みが渋谷城跡である。現在の渋谷ヒカリエ、クロスタワー、渋谷警察署を含む一帯が城域だった。かつての城域を分断するように、八幡宮の北側を首都高三号線と六本木通りが通っているが、境内は静寂でほっとする。

渋谷城《しぶやじょう》は淀橋《よどばし》台地と呼ばれた高台の最先端の崖上に築かれ、西の渋谷川、北東側の黒鍬谷《くろくわだに》の低湿地を天然の堀とし、城内にはいくつかの泉も湧《わ》き、城地として絶好の地だった。また、相模国にいたる大山道、鎌倉にいたる古道の鎌倉道も城の脇や前を通っていて、渋谷川の舟運とともに、人や物を運ぶのにも適していた。激変する都心に位置しているが、往時の地形の痕跡は、いまも推測できるのがうれしい。境内の宝物館に展示されている渋谷城の模型を参照しな

渋谷重家が約1000年前に渋谷城を築き八幡宮を創建。神門、社殿は春日局の造営

がら、周囲をゆっくりとめぐってみよう。道路より高い城地を体験すると、次第に古絵図のありさまも想像できる。

渋谷城の歴史は古い。およそ千年前、秩父平氏の一族渋谷氏の祖は、「後三年の役」に際し源義家に従軍し、義家からこの地を与えられ渋谷城を築いた。このとき、八幡宮も秩父から勧請し、のち、源頼朝のもとで活躍し『平治物語』『吾妻鏡《あずまかがみ》』にも描かれた渋谷金王丸《こんのうまる》（土佐坊昌《とさのぼうしょう》俊《しゅん》）の名声にちなみ、金王八幡宮と称するようになった。社殿前に渋谷城の砦の石一点が保存されている。

現在の社殿は一六一二年（慶長一七）、徳川家光が三代将軍に決まったことを祝い、傅役《もりやく》の青山伯耆守忠俊《ほうきのかみただとし》と、乳母春日局《かすがのつぼね》が奉納。何度か修復されてきたが、江戸時代初期の建築様式をとどめる貴重なものである。
門は江戸時代中期以降に建てられ、修復を経ながら往時の姿を伝えている。（金王八幡宮社殿及び門　渋谷区指定有形文化財）

金王丸の活躍後の渋谷城の歴史はさだかではない。戦国期、北条軍に攻撃されて焼失、渋谷氏一族は相模（神奈川県）や薩摩《さつま》（鹿児島県）へと広がった。日露戦争でロシアのバルチック艦隊を破った東郷平八郎《とうごうへいはちろう》は薩摩渋谷氏の出身で、没後、祖先の地である渋谷に東郷神社が建立され、現在も参拝者が絶えない。

アクセス　ＪＲ山手線・埼京線・湘南新宿ラインで渋谷駅下車、東口・新南口から徒歩五分

豪徳寺の境内は本丸跡

世田谷城と豪徳寺

名門吉良家から北条氏、そして井伊家へ

東京二三区内にあって「これぞ城跡」と実感する遺構が見られる世田谷城址。東急世田谷線を宮の坂駅で降り、歩いて五分ほどしかかからない。

閑静な住宅街のなかの世田谷城址公園と寺院・豪徳寺《ごうとくじ》一帯は、吉良《きら》氏が居城とした平城「世《せ》田谷城《たがやじょう》」跡である。取材に赴いたのは桜がほころびはじめる時期だったが、宮の坂駅を降りると小雪が舞いはじめた。彦根への旅がよみがえる。三月というのに雪が降りしきっていた。豪徳寺は江戸初期から現在まで、彦根藩主井伊家の墓所である。江戸幕府大老・井伊直弼《なおすけ》が水戸浪士らに討たれた雪の朝の「桜田門外の変」が思い起こされた。井伊家ゆかりの地では雪に遭うようだ。

吉良氏は室町時代初期の一三六六年（貞治五）、鎌倉公方《くぼう》から世田谷郷を与えられ、一四〇〇年代の中ごろ城郭として修築したとされる。吉良氏といえば、江戸城松の廊下の刃傷事件の吉

良上野介《こうずけのすけ》が思い浮かぶ。上野介は吉良氏本家筋の三河《みかわ》吉良氏、世田谷の武蔵吉良氏は庶流にあたる。吉良一族は足利将軍家と近い血縁にあり、「足利御一家衆《ごいっかしゅう》」と敬われた。武蔵吉良氏も「吉良殿様」と呼ばれ、城館は「世田谷御所」と称されていた。戦国時代になっても、一度も戦をしなかったという珍しい戦国大名である。

名門吉良氏も、やがて小田原北条氏と婚姻《こんいん》関係を結んで勢力下に呑《の》みこまれ、世田谷城は北条氏の支配するところとなる。豊臣秀吉による小田原北条氏討伐で北条氏が滅びると徳川家康に従い、家格の高さから「高家《こうけ》」（儀式、典礼、朝廷との諸礼をつかさどる）に取り立てられた。

城址公園から豪徳寺への参道沿いは左右を見渡しながら歩こう。丈高い土塁、深い空堀、櫓台らしい高みなど、みごとな遺構が目に飛びこむ。

豪徳寺の広い境内は本丸跡といわれる。ここでは外周に注意を払おう。土塁跡が認められ、いかに広大な城域であったか、防御力にすぐれていたかを推しはかることができる。小田原合戦の折に世田谷城は開城し、廃城になった。石垣は江戸城改修のため運び去られたともいう。

豪徳寺は吉良氏が一四八〇年（文明一二）に築いた弘徳院《こうとくいん》を前身とし、一六三三年（寛永一〇）、一帯は彦根藩の飛地になった。

ある日、藩主井伊直孝《なおたか》が鷹狩《たかがり》の帰りに通りかかると、寺の飼い猫が手招きするので一休みすることにした。やがて雷雨になる。直孝は豪雨を避け、法話を聴けたことに感謝し、弘徳院を井伊家の菩提所《ぼだい》とし、豪徳寺と改称した。井伊氏の本領・彦根市のマスコットキャラクターとして人気の「ひこにゃん」は、豪徳寺の猫の伝承に由来すると寺僧に聞いて、なるほどと手を打った。寺内に井伊家代々の墓があり、井伊直弼の墓は都の史跡に指定されている。

徳川家臣として江戸幕府を支えた井伊家は、「徳川四天王」のひとりに数えられた豪勇・井伊直政《なおまさ》に始まる。一六世紀、駿河《するが》の今川義元《よしもと》の圧迫に耐えて、井伊家父祖の地の井伊谷城《いいのやじょう》（浜松市北区）を守った女城主は、直政の養母・井伊直虎《なおとら》であった。

話は逸《そ》れるが、井伊直弼による「安政の大獄」で処刑された吉田松陰の遺骸《いがい》は、豪徳寺から東へ直線にして六〇〇mほどの、松陰神社の墓所に葬られている。歴史の皮肉を思わずにはいられない。

しっかりとした土塁や空堀の遺構が見られる世田谷城址と豪徳寺は、都内であることを忘れてしまうほど、重厚感に満ちていた。（世田谷城址　東京都指定史跡）

アクセス　東急世田谷線宮の坂駅から徒歩五分／同上町駅から徒歩一〇分／小田急線豪徳寺駅から
徒歩一〇分

北条の滅亡とともに廃城に

奥沢城と九品仏浄真寺

築城は吉良氏

極楽往生を願って江戸の庶民が信仰し、都民にもなじみ深い世田谷区の九品仏浄真寺《くほんぶつじょうしんじ》。この寺の境内が奥沢城址である。東急大井町線の九品仏駅を降りると真ん前が参道入口で、総門までは歩いて三〜四分ほど。総門から少し行くと左側に立派な山門があり、ここで早くも遺構の土塁に出合い、境内へと期待がふくらむ。数歩進んで視線をめぐらせた。四囲の土塁は、ほぼ完全に残っており見ごたえ十分である。

九品仏駅から城址まで高低差は感じられなかったが、実際は低地に舌状に張りだす微高地を利用した平城であった。北側には大きな沼があったといわれる。城郭の一辺は一五〇mほど、内側から見た土塁の高さは二m弱、城外の堀底と思われる道路からの高さは三m弱、土塁の四隅は丸みをおび、直線部より一m高く、いずれも立派な遺構だ。

奥沢城《おくさわじょう》は世田谷城の出城として一五〇〇年代半ばごろ、吉良頼康《よりやす》が築城。堀と大沼と周辺の湿地を防備に利用した城砦《じようさい》を、吉良氏に仕える勇将・大平出羽守《おおひらでわのかみ》が守った。こんな堅城を築かねばならないほど争乱が絶えなかったのだ。関東管領（関東の政務を管轄する室町幕府の役職）上杉氏、関東制覇をもくろむ小田原北条氏が支配を争う時代だった。一五九〇年（天正一八）、小田原北条氏が滅び、北条と結んでいた吉良氏の世田谷城、奥沢城は廃城となった。

山門右手、寺地北側の土塁は途中二カ所ほど削られているが、西へ向かって曲がる角のあたりは高さもあり、みごとだ。山門左側に奥沢城址と記された石柱があり、その先へ土塁が続く。都内でこれだけ良好な遺構に出合えるとは意外だった。

土塁に沿って境内の南縁《へり》をたどる。ときに土塁に手を触れ、土のぬくもりを感じながら松林のなかを進む。右手に「九品仏」の由来である阿弥陀堂《あみだどう》が三棟ならぶ。それぞれに三体、合計九体の異なった阿弥陀如来像が安置されている。説明板によれば、「浄土教では極楽往生の仕方には九段階あり、それを九品往生《くほんおうじよう》という」とあった。

江戸時代初期の一六六五年（寛文五）、この地の名主七右衛門が寺地にしたいと願いでて奥沢城跡を貰《もら》い受け、一六七八年（延宝六）、浄土宗浄真寺を建立、九品往生の仏にちなみ通称「九品仏」と呼ばれるようになった。伽藍《がらん》配置は創建時から現代まで変わっていないという。

城址を存分にめぐり、はや夕刻。阿弥陀堂も背後の土塁も残照に輝いて神々しく、弥陀の来

迎も、このように光をまとっていたかと見まごうほどであった。（奥沢城址　世田谷区指定史跡）

アクセス　東急大井町線九品仏駅から徒歩五分

扇谷上杉によって築城

深大寺城と深大寺

北条氏の来襲に備えて

調布市の深大寺城《じんだいじじょう》は、天台宗の古刹《こさつ》深大寺、小学生の遠足でにぎわう神代《じんだい》植物公園に隣接し、深大寺蕎麦《そば》が人気だ。深大寺の参道には、調布市に住んでいた水木しげるにちなみ、「ゲゲゲの鬼太郎」ゆかりの茶屋もあり、鬼太郎ゆかりのキャラクターがならんでいて目をひく。

深大寺城が築かれていたのは、神代植物公園から深大寺を隔てた南側、神代植物公園の分園である水生植物園の西奥の台地である。

一五二四年（大永四）、南関東を支配していた扇谷上杉氏は小田原北条氏に江戸城を奪われた。巻き返しをはかり、一五三七年（天文六）、北条氏の来襲に備える前線基地として、創建年代不明ではあるが「ふるき郭《くるわ》」（古城）を数カ月で再興、深大寺城を築城し、家臣を城将として置いた。多摩川の対岸が北条方の小沢城である。

しかしこの年、北条軍は深大寺城を迂回《うかい》して、直接、扇谷上杉氏の本拠河越城を急襲して陥落させ、深大寺城を廃城にした。北条氏は深大寺城に改修の手を入れなかったので、上杉氏の築いた城の特徴が残っている。敵軍を誘いこんで一度に討ち果たすことのできる空堀を設けているが、一方で、侵入しやすい曲折がなくまっすぐな虎口、敵に横から矢を射かける構造が乏しい、敵の侵攻を阻むための斜面の削りがゆるいなどの弱点があった。戦国期築城術の進化過程にあったといわれる。

深大寺城は比高一四mの多摩川河岸段丘の舌状台地に築かれた。土塁と空堀に囲まれた郭を直線状に配置する連郭式で、中世の城郭らしい縄張である。

台地最東端の第一郭《いっかく》が本丸、その北側から西側へと囲むように第二郭、さらに北側に第三郭が続く。斜面の中腹に設けられた腰郭《こしぐるわ》、土塁、空堀などが良好な形で残っている。

第一郭は、うっそうとした木立のなかだ。東西五〇m、南北九〇mほど、周囲を土塁で囲み、北と南に平虎口が設けられている。「深大寺城址」の標柱の背後の土塁は重厚感がある。櫓台跡といわれるが、登ると広々とした第二郭の全体を見渡すことができる。

第一郭の南虎口は腰郭に通じ、北虎口から土橋を渡ると第二郭になる。土橋が架かる堀は、埋まっていたものを復元したという。

第二郭は広大な芝生広場になっている。東西四〇〜七〇m、南北一六〇mほどあり、掘立《ほったて》柱《ばしら》建物跡が八〜九棟分と、「ふるき郭」と称された郭の堀と推定される空堀跡が南西隅に発見された。二重土塁と空堀の跡も認められる。西側の馬出《うまだし》郭《ぐるわ》への虎口も設けられていた。

第三郭は東西一〇〇m、宅地化で遺構が失われたため南北幅は不明だが、南側の斜面を覗《のぞ》きこむと、切岸にしっかりとした竪堀《たてぼり》跡が残っていて、水生植物園ののどかさとは裏腹に防御の堅い城の面影が垣間見える。（深大寺城址　国指定史跡）

アクセス　京王線つつじヶ丘駅北口または調布駅北口からバス吉祥寺行き・つつじヶ丘行き・深大寺行き・杏林大学病院行き「深大寺」下車／JR三鷹駅南口または吉祥寺駅南口からバス調布駅北口行き「深大寺」下車

関東屈指の重厚さを誇った

滝山城

堅牢な防御の跡

八王子市の北端に位置する滝山城址。都立滝山自然公園のなかにあり、四季を問わず近隣住民やハイカーが訪れ、とりわけ桜の時期はにぎわう。滝山街道沿いに広い駐車場ができ、登城は便利になった。本丸、中の丸、千畳敷などの曲輪跡、空堀、枡形や食違いの虎口、土塁、井戸跡といった豊富な遺構は、堅牢な防御の砦であることを訴えかける。

民家のあいだの路地を抜けると、大手筋である天野坂《あまのざか》の入口だ。雨に濡れた竹藪《たけやぶ》が登り口に覆いかぶさり、その先は薄暗い。ちょっとためらったが、ここまで来たのだ。切り通しの急坂をぐいぐいと登る。

まずは、木立のなかの丈高い城塁と横堀（山城の周りを囲むように掘られた堀）に威圧された。虎口跡を越えると右手は三の丸跡、左手が重臣の屋敷があった小宮《こみや》曲輪跡だ。ここに攻めこんだ敵兵は両方の曲輪の塁上から側面攻撃を受けることになる。

天野坂には枡形虎口遺構が残る。両脇の土塁は横矢掛の脅威をまざまざと示している

土橋から枡形虎口を抜けると尾根の平坦地に出た。「史跡滝山城址」の石柱が立つ。充実した案内板を見ているうちに、人けのない不安も消える。目の前に広大な千畳敷が広がっていた。

谷筋を挟んだ向かいの尾根にも、多くの曲輪がならぶ。千畳敷周辺は重厚な土塁で区切られた馬出、土橋、空堀跡と手の込んだ構造になっていて見ごたえ十分だ。広々とした二の丸には、切り通し、土塁、空堀、馬出を備えた三カ所の枡形虎口が設けられている。尾根筋に階段状に連なる大きな曲輪は家臣の屋敷地だったという。

二の丸の一段上が中の丸、深さ一〇mもありそうな堀切を木橋で渡ると、ようやく本丸だ。本丸の上の段には霞《かすみ》神社と金毘羅《こんぴら》神社が鎮座。雨模様ながら、眼下の多摩川が眺められた。周囲には腰曲輪、帯曲輪などがいくつも見られ、さすが関八州を制覇した北条氏の城、とにかく雄大というほかはない。

北条氏は、なぜ滝山城《たきやまじょう》を捨て、八王子城を築いたのだろうかと惜しまれるほど、重厚な城なのだ。一時間半もあれば城址を一巡できるが、戦の砦はゆっくりと吟味しながらめぐってみたい。桜、芽吹き、緑陰、紅葉、そして冬木立さえ味わい深く、胸のすくほど壮大な城址である。

そそり立つ土塁は寄せ来る敵軍の猛攻を阻んだ

滝山城址の標高は一六〇mほど。多摩川と秋川の合流点にある加住《かすみ》丘陵の複雑な地形を巧みに利用した関東屈指の平山城である。一五二一年（大永元）、山内上杉氏の重臣で、武蔵国守護代の大石氏が築城したという。のち小田原北条氏が扇谷上杉氏、山内上杉氏を武蔵から排除。大石氏は北条氏三代氏康《うじやす》の三男氏照《うじてる》を婿《むこ》に迎え、北条氏の軍門に下る。

一五五八年（永禄元）ごろ、氏照は滝山城の大改修を実施した。広大かつ多くの角馬出、内枡形を備える近世的な城である。

上杉謙信《うえすぎけんしん》、武田信玄《たけだしんげん》などから猛攻を受けた。なかでも信玄、勝頼《かつより》親子による一五六九年（永禄一二）の城攻めは熾烈《しれつ》をきわめ、二万の軍勢が三の丸まで攻めこみ、落城寸前に追いこまれる。二〇〇〇の城兵ながら、かろうじて撃退したが、より備えを固めるため、南西九kmの地に八王子城を築き、移転した。（国指定史跡）

アクセス　京王線京王八王子駅・ＪＲ中央線八王子駅北口から西東京バス戸吹（ひよどり山トンネル経由）行きバスで約二〇分、「滝山城址下」下車、徒歩五分／ＪＲ・西武鉄道拝島駅から西東京バス杏林大学行きで約一五分、「滝山城址下」下車、徒歩五分

豊臣軍の北方隊によって一日で落城

八王子城

北条氏最大の要害

滝山城で武田氏や上杉氏の猛攻を受け、防御に危機感を抱いた北条氏照は、八王子城《はちおうじじょう》を築く。一五八二年（天正一〇）ごろに築城を開始、一五八七年（天正一五）ごろまでに滝山城から拠点を移したとされる。

深沢山（現在の城山）は標高四四五m、麓《ふもと》からの比高二四〇m、峻険《しゅんけん》な山に典型的な中世山城を築く。

このころ、城は山城から平山城、平城へと移り変わる時期だったから時代に逆行していたが、古い山城には見られない石垣を用い、いたるところから敵に側射を掛ける縄張を持ち、近世城郭らしい姿を覗かせている。

北条氏が築いた山城のなかでは最大級であり、まさに要害そのものである。

だが、拠点としてからわずか三年後の一五九〇年（天正一八）六月、天下統一をめざす豊臣

御主殿（城主の居館）跡の虎口。石垣や石畳は当時のものを利用して復元

秀吉の小田原討伐に際し、前田利家《まえだとしいえ》、上杉景勝《かげかつ》が率いる豊臣軍の北方隊に攻められ、たった一日で落城した。

このとき氏照と主力武将は小田原城に集結していたため、八王子城にはわずかな兵と女・子どもしかいなかった。逃げ場を失った女性や子らは、滝の上流で自刃し、滝の下流は三日三晩血に染まったという。

八王子城が落城すると本拠の小田原城も開城、主戦論を強硬に主張した氏照、北条氏の主導権を握っていた兄の氏政《うじまさ》は小田原城下で切腹し、北条氏は滅亡、八王子城は廃城になった。氏照が構想していた城郭は広壮で、落城時は未完成であったと考えられる。敗北は、どれほど無念だったことだろう。

訪問時、八王子城址は初冬を迎えていたが、あたりにはまだ、いくらか黄葉が残る。大手門跡を確かめ、大手道、曳橋《ひきはし》、虎口の石段、冠木門《かぶきもん》（左右の柱に横木を渡した屋根のない門）を経て土塁に囲まれた御主殿跡へ。ここには氏照の館があったという。

古道を登る。左の尾根はひな段状に小さい曲輪が刻まれ、その上が金子曲輪だ。侵攻して来る敵軍に横矢を掛けることのできる構造になっている。

柵門台《さくもんだい》から先、登る一方の尾根道はかなり息が切れるが、ともかく山頂近くにたどりつく。尾根を西へ横切ると、中の曲輪になる。高みに氏照が守護神とした八王子神社が鎮座し、東が小宮曲輪、西が松木曲輪だ。それぞれを城将が守備していた。

眼下の八王子市街は小雨にけむ

落城時、北条方の婦女子が滝の上流で自刃、川は三日三晩、血に染まったという

っている。腰曲輪を二段登ったところが本丸である。狭い。径が一〇mあるかどうか。小さな社が建つ。ここから尾根伝いに北へ行けば詰城《つめじろ》、その向こうが富士見台になる。

帰路、根小屋地区に寄る。平安時代の創建で氏照が再興したという古刹宗関寺《そうかんじ》、氏照の百回忌に建立された氏照と家臣の墓に詣《もう》でた。

八王子城下には武家屋敷が配置され、刀剣鍛冶職人の住む鍛冶屋村、滝山城下から移転した商人町の八日市、横山や八幡宿はいまも地名が残る。いくつもの出城が置かれ、広範囲に遺構を確認できる。地図上からも、城下は相当に広い地域にわたり、氏照の気宇壮大な構想が偲ばれた。(国指定史跡)

アクセス　ＪＲ中央線・京王線高尾駅北口から西東京バスで「霊園前」下車、徒歩一五分／八王子城行きバス「八王子城跡」下車すぐ(土、日、祝日限定)

コラム　桜の名所　城址公園ベスト5

城は本来、戦の砦である。城内にはクロマツ、ビャクシン、クスなど、常盤木《ときわぎ》（常緑樹）が多く植えられていた。外部からの目隠しの役目を果たし、また変わらぬ緑に城の永久不変の繁栄を願ったのであった。

桜が植えられるようになったのは明治時代のこと、旧藩士や地元の人びとが在りし日を偲んで植樹したものだという。古城を彩る爛漫《らんまん》の桜は、どこも甲乙つけがたいが、あえてベスト5を挙げてみよう。

1　弘前《ひろさき》公園

津軽（青森県）の春は遅い。桜の開花は四月二〇日ごろ、梅、桃、りんごの花もいっせいに咲きそろう。ソメイヨシノをはじめ、ヤエベニシダレ、ヒロサキユキアカリ、ヤエベニオオシマなど五二種、二六〇〇本が城址を埋めつくし、四月中旬から五月上旬まで、長い期間、桜を見られる。花明りのもとをそぞろ歩めば、まるで薄紅色の妖精たちの乱舞に包まれるようだ。

弘前城（弘前市）に桜が植えられたのは、江戸時代中期、藩士が京の嵐山からカスミザクラを持ち帰ったのが始まりという。明治期、荒れ果てた城内に千本のソメイヨシノが植えられ、その後も植栽が進んだ。しだれ桜が多く見られ、優しく枝を揺らす。

ソメイヨシノの寿命は六〇年から八〇年といわれている。ところが弘前公園には、樹齢一〇〇年を超すソメイヨシノが三〇〇〇本以上もある。この古木たちが、またいい。手入れも行き届き、たわわに花をつける。

花吹雪の折には濠《ほり》を花筏《はないかだ》が埋めつくし、水面は桜一色に彩られる。「さくらまつり」の開催中、公園はライトアップされ、宵闇《よいやみ》に浮かびあがる弘前城天守と夜桜の饗宴《きようえん》に夢幻のときが訪れる。

アクセス　ＪＲ弘前駅から弘南バスで一五分「市役所前公園入口」下車、徒歩一分／東北道大鰐弘前ＩＣから二〇分

2　松前公園

「北海道の春は松前から」といわれる。北海道の南端にあって、最初に桜前線が上陸する。松前城を中心とする松前公園一帯は、およそ二一万三五〇〇㎡（東京港区と同じ広さ）の敷地に、約二五〇種一万本の桜があり、全国屈指の桜の名所として名高い。四月半ばの冬桜に始まり、早咲き、中咲き、遅咲きと、約一カ月以上の長い期間にわたって次々と花を咲かせていく。

江戸時代、商人や参勤からもどる藩士が桜を持ち帰り、京から嫁いできた藩主の奥方が故郷を偲んで苗木を植えたのが始まりといわれる。

松前を代表する品種ナデン、その親木の推定樹齢三〇〇年のケチミャクザクラ、メオトザクラ、エゾカスミザクラは三大名木といわれ、それぞれが麗しい伝説を秘める貴重な品種。はるかに広がる海原、天守、あふれ咲く桜。この三つの情景がそろう城址は珍しい。四月下旬から五月中旬の桜まつりでは、ライトアップが行われ、幽玄な夜桜を楽しむことができる。

アクセス　ＪＲ江差線・津軽海峡線木古内駅から函館バス松前出張所行き約一時間三〇分「松城」下車、松前城正門まで徒歩一〇分／函館空港から国道二二八号線で二時間三〇分

3　高遠《たかとお》城址公園

タカトオコヒガンザクラの花色は濃い桃色、満開時のあでやかさは高遠城址（長野県伊那《いな》市）ならこそだ。これだけで夢見心地に誘いこまれるが、爛漫の桜の遠景は残雪の中央アルプスと南アルプスの峰々、めったにないロケーションに感嘆する。

たかとほは　山裾のまち　古きまち
ゆきあふ子等の　うつくしき町

城下に桃、杏、梅がいっせいに咲き競う春、花明りのもとで田山花袋《たやまかたい》の詠んだ歌を口ずさみたくなる。

花どきは四月中旬、深い空堀と土塁がめぐらされた城址をドームのように桜が覆い、雲海をさまようようだ。城址のはずれに「絵島囲み屋敷」がある。大奥のトップだった絵島は歌舞伎役者生島新五郎《いくしましんごろう》との密通を問われて追放され、六一歳で死ぬまでの二八年間、ここに幽閉されて過ごした。この恋愛スキャンダルは、大奥と表政治の権力闘争が生んだ一大疑獄事件だった。

アクセス　ＪＲ飯田線伊那市駅から高遠方面行きバスで二五分、「高遠」下車、大手門まで徒歩二五分／中央高速道路諏訪ＩＣから六〇分、伊那ＩＣから三〇分

4　津山城鶴山公園《つやまじょうかくざんこうえん》

小高い丘に築かれた津山城鶴山公園（岡山県津山市）。いまも石垣が重厚に連なる。鶴山には室町時代、美作《みまさか》の守護山名《やまな》氏が砦を置き、一六〇三年（慶長八）、本能寺の変で信長《のぶなが》とともに討死した森蘭丸《もりらんまる》の末弟、森忠政《ただまさ》が一二年の歳月をかけて津山城を完成させた。

本丸への石垣は扇の勾配で優美にそびえ立ち、曲輪は段状に上へ上へと重なる「一二三段《ひふみだん》」の縄張を持つ。その豪壮で荒々しい石垣を包み囲むように、ソメイヨシノ、ヤマザクラ、オオヤマザクラ、ヒガンザクラなど千本の桜があふれ咲く。麓から見あげれば桜色の滝が石垣の幅いっぱいに流れ落ち、本丸上から眺めれば花の海原が広がるかのようだ。

明治の廃城令で城は売却、取りこわされ、一九〇〇年（明治三三）、城址は町所有の鶴山公園となって多くの桜が植えられ、県内随一の桜の名所になった。

二〇〇五年（平成一七）に復元された備中櫓《びっちゅうやぐら》や石垣がライトアップされ、ぼんぼりが淡く桜を照らし、妖艶《ようえん》な美をかもしだす。

アクセス　ＪＲ津山線津山駅から徒歩一〇分／中国自動車道津山ＩＣまたは院庄ＩＣから一五分

5　名護《なご》城址公園

沖縄の桜はソメイヨシノとは違い、カンヒザクラという品種。一月中旬、日本で一番早く開花する。名護城址（沖縄県名護市）は県内有数の桜の名所で多くの人びとが花見に訪れる。濃いピンクの花が、うつむき加減の可憐《かれん》な姿であふれ咲く。本土は冬のただ中だが、ここでは陽《ひ》があたたかい。二万本の桜の小路は行けども尽きず、人も石畳も花色に染めあげられる。

名護城は一四世紀初期にこの地を治めていた按司《あじ》（領主的豪族）の居城跡だといわれる。カンヒザクラは、一九〇二年（明治三五）、名護に設立された県立農学校から苗木が配られて普及し、やがて家々で正月飾りとして花瓶に挿すようになった。

沖縄では桜の下で酒宴を張る習慣はなく、花のトンネルをそぞろ歩いたり、出店で料理を買い求めたり、桜見ウォークやバードウオッチングなどを楽しむという。頂上の展望台からはブルーグリーンの東シナ海や名護市内が一望できる。

アクセス　那覇空港から一般道で九〇分／沖縄自動車道許田ＩＣから二〇分／市内からバス「名護城入口」下車、徒歩五分

第三章　櫓《やぐら》や石垣、堀の向こうに在りし日の雄姿が浮かぶ

天守はなくともよみがえる藩制期の雄姿

金沢城

美意識を結集させた前田の城造り

金沢城《かなざわじょう》（石川県金沢市）の遺構は、門、堀、土塁、曲輪《くるわ》、庭園と、どれも見ごたえがあるが、とりわけ石垣は実に多様で、城主のこころざし、石工の秘技など、「城」というものの根源をいまに伝える。

築城初期に建てられた石川門の修復が完了、河北門《かわきたもん》、橋爪門《はしづめもん》も復元され、往時の「金沢城御《ご》三門《さんもん》」がそろった。城内の広大な玉泉院丸《ぎょくせんいんまる》庭園も復元され、藩政期の雄姿をよみがえらせている。

「加賀《かが》百万石」の城下は、能や加賀友禅、漆器、金箔《きんぱく》、蒔絵《まきえ》、九谷焼《くたにやき》、水引などの伝統工芸、加賀料理など、華麗な技芸、銘品は数知れない。藩祖・前田利家《まえだとしいえ》の判断力、前田家の危機を救った正室まつを礎に、明治維新までおよそ二九〇年間、前田氏一四代の安定した治世が加賀文化の母体となったといえよう。

犀川と浅野川に挟まれた地に建つ平山城。遺構から城主の美意識がうかがえる

犀川《さいがわ》と浅野川《あさのがわ》に挟まれた金沢平野の中心部、小立野《こだつの》台地の先端に築かれた平山城で、ここには加賀一向一揆《いっこういっき》の本拠「尾山御坊《おやまごぼう》（金沢御堂）」があったが、織田信長《おだのぶなが》の命により柴田勝家《しばたかついえ》と勝家の重臣筆頭・佐久間盛政《さくまもりまさ》が攻め落とし、跡地に金沢城を築いた。

一五八三年（天正一一）、前田利家が豊臣秀吉《とよとみひでよし》から金沢城を与えられ、曲輪や堀を拡張、高石《たかいし》垣《がき》の建設、五重の天守や櫓《やぐら》を建て、本格的な城造りを始める。

落雷や火災で殿舎は姿を変えながら明治維新を迎え、多くの城郭が廃城となるなかで、金沢城は存城《そんじょう》とされ旧日本軍の施設が置かれた。

存城とは売却処分をしないということであり、城郭の保存はされず、建物は一部を残して撤去

石川門の石垣。ひと続きの建物で違う積み方をした珍しい例

されてしまう。一九四九年（昭和二四）に金沢大学のキャンパスになり、大学の移転により一九九六年（平成八）から金沢城址公園として県が整備を開始した。

石垣ファン必見の石川門

石川橋を渡ると最初に石川門に出合う。石川門は慶長年間（一五九六〜一六一五）に築かれ、大火で焼失の後、一七八八年（天明八）に再建、二〇一四年（平成二六）に整備が完了した。二の門は高麗門《こうらいもん》、一の門は櫓門の形態をとり、二層二階の石川櫓と続櫓《つづきやぐら》によって構成される。内枡形《うちますがた》の石垣は左側が「打込接《うちこみはぎ》」、右側が「切込接《きりこみはぎ》」で築かれ、石垣ファンは目を奪われるにちがいない。ひと続きの建物に、異なる石の積み方をしているのは大変珍しい。

掘割道をたどった先の菱《ひし》櫓・五十間長屋《ごじっけんながや》・橋爪門 続櫓などは北陸新幹線の開通にあわせて再建された。

菱櫓北側の二の丸跡北面の石垣は、形や大きさをそろえた割石が積まれ、城内屈指の完成度といわれ、いくら眺めていても飽きない。弧を描く極楽橋を渡った先は三十間櫓《さんじつけん》。海鼠壁《なまこかべ》の美しい二層二階の多聞櫓《たもん》で、一八五八年（安政五）の建造である。石垣は耳慣れない「金場《かねば》取り残し積」。表面の縁どり部分をきれいに整えながら、内側は粗いまま残されており、これもまた、きわめて珍しい。

本丸への鉄門《くろがねもん》の石垣遺構は「切込接」、その近くに、江戸期の城郭土蔵としては最大の鶴《つる》丸《まる》倉庫が現存する。東の丸の北面石垣は自然石を積んだ「野面積《のづらづみ》」である。自然石、粗割《あらわり》しただけの石がゆるい勾配で積まれ、一五九二年（文禄元）に利家が築城した時代の、もっとも古い技法を伝え貴重である。

ほかにも、野趣に富む城の周囲の高石垣、火災除けの亀甲石《きつこういし》（亀の甲羅模様のように六角形に成形した石）を埋めこんだ土橋門《どばしもん》、陰陽をあらわす大きな鏡石をはめこむ尾坂門《おさかもん》、刻印の豊富な切手門《きつてもん》付近の創建時の石垣、側室たちの住まいだった数寄屋敷《すきやしき》石垣の「切込接」、玉泉院丸庭園の凝りに凝った意匠の「色紙短冊積」石垣とV字型の石樋《せきひ》や段違いの石組など、城主の美意識を強烈に訴えかけてくる。

いもり堀沿いの散策路に石積の模型が置かれており、石垣を知るには絶好である。石積の多様さ、美しさ、壮大さで、金沢城をしのぐ城址《じょうし》は多くはない。城址をめぐれば、カメラを構え、時を忘れてたどる石垣ファンに出会う。（国指定特別史跡）

アクセス　ＪＲ北陸新幹線・北陸本線・北陸鉄道北鉄金沢駅からバス「兼六園下・金沢城」下車、徒歩二分／金沢駅東口発着「城下まち金沢周遊バス」「兼六園シャトル」には一日乗り放題のフリー乗車券あり

上田城

よみがえる真田《さなだ》一族の記憶

徳川《とくがわ》によって徹底的に破却されて

上田城《うえだじょう》といえば、まず「真田の城」と念頭に浮かぶ。真田氏は信州小県郡《ちいさがたぐん》の山あい、真田

郷《ごう》（長野県上田市）に発した小豪族だった。

戦国時代のまっただなか、武田《たけだ》、上杉《うえすぎ》、北条《ほうじょう》、徳川《とくがわ》、そして織田や豊臣という強豪戦国大名が激しい攻防戦を繰り広げるはざまで、真田氏は三途《さんず》の川の渡し賃・六連銭《むつれんせん》を旗じるしにかかげ、一族の存続を悲願に、知略・武略をつくして戦い抜いた。

小県の領有を勝ち取った真田昌幸《まさゆき》が上田城を築いたのは一五八三年（天正一一）春ごろとされ、翌年には完成をみた。千曲川《ちくまがわ》の断崖尼ヶ淵《あまがふち》に面し、盆地の中央にあって小県全体をにらむには絶好の場所であった。

武田信玄《しんげん》・勝頼《かつより》の重臣として仕えた昌幸は、城造りに精通していた。前年に滅んだ勝頼の新《しん》府城《ぷじょう》は、昌幸が築城奉行を務めたと伝えられる。

建築当初の上田城の構造はよく分からない。城址からは昌幸の時代の、桃山期の特徴を示す金箔瓦《きんぱくがわら》が出土している。秀吉配下の諸大名が城を改修し、石垣、天守など豪壮な建物を建造した時代だった。秀吉に仕え、彼の伏見城《ふしみじょう》建設にもたずさわった昌幸も、その流れに倣ったのであろう。

関ヶ原の戦いで豊臣方に与《くみ》し敗れた昌幸・信繁《のぶしげ》（幸村《ゆきむら》）は高野山に流される。家康《いえやす》に従った昌幸の嫡子信幸《のぶゆき》（信之）は上田城主に任じられたが、六年後に徳川秀忠《ひでただ》によって松代《まつしろ》に移封に

復元された本丸東虎口櫓門。左の南櫓、右にある北櫓は市民の出資で民間から返還された

なり、上田城は徹底的に破却された。

徳川は上田城に恨み骨髄だったのだろう。かつて昌幸は、完成間もない上田城に押し寄せた家康の軍勢を撃退した。関ヶ原の戦いの際も、昌幸・信繁父子は関ヶ原に向かう徳川秀忠軍を足止めし撃退、結果、秀忠は天下分け目の合戦に間に合わなかった。

のち上田城には仙石《せんごく》氏、松平《まつだいら》氏など幕府重臣が入城し復興を続けるが、中断したまま明治の廃城処分で破却、売却された。現在の上田城は真田氏ゆかりの地というより、仙石氏、松平氏の遺産といえよう。

東虎口《こぐち》櫓門の真田石

本丸の東虎口櫓門は一九九四年（平成六）の

復元だが、櫓門の右の石垣には「真田石」と称される直径三mの巨石が組みこまれている。伝承では、信之が転封先の松代に運ぼうとしたが、びくともしなかったという。門の前に立つと、徳川軍を翻弄《ほんろう》した真田氏のみごとな戦いぶりが想起される。両脇の南櫓（左）と北櫓（右）は、廃城によって、民間に払い下げられ、妓楼《ぎろう》として再利用されるという数奇な運命をたどったが、戦後、現在地に再移転された。本丸奥寄りの西櫓は仙石氏時代に完成し、移築・復元されることなく城の変遷を物語る。

本丸には真田氏と仙石氏を合祀《ごうし》する真田神社が鎮座し、境内には抜け穴だといわれる真田井戸がある。堅固な要塞《ようさい》を偲《しの》ばせる遺構は、本丸周囲をめぐる水堀、二の丸北虎口の枡形を構成する石垣ばかりだが、基本的な縄張は真田時代と大きく変わってはいないといわれる。

静寂な城址を味わいたいときは、少し早めの時間や夕刻にかぎる。人影のとだえる時間帯をねらうのが何よりではないだろうか。桜、新緑、紅葉の季節は風情たっぷりである。（国指定史跡）

アクセス　ＪＲ北陸新幹線・しなの鉄道・上田電鉄別所線上田駅下車、徒歩一二分／上田駅からまちなか循環バス「ぐるっと上田丸」で「公園市役所前」下車すぐ

黒田官兵衛《くろだかんべえ》の嫡子・長政《ながまさ》が築いた

福岡城

大阪以西では最大規模の城郭

福岡城《ふくおかじょう》（舞鶴城《まいづるじょう》）は福岡市中央区にある平山城。黒田長政は一六〇〇年（慶長五）の関ヶ原の戦いの功績で筑前《ちくぜん》（福岡県北西部）五二万石に封ぜられ、翌年から築城を開始。軍略と築城の名手である父黒田如水《じょすい》（孝高《よしたか》、官兵衛）とともに、七年がかりで、この名城を築いた。

築城の際に黒田氏ゆかりの地である備前国《びぜんのくに》邑久郡《おくぐん》福岡（岡山県瀬戸内市）にちなみ、福崎《ふくざき》という地名を福岡に改めた。

福岡城の面積は四六万㎡、大阪以西では最大規模の城郭で、三つの天守台、一〇を超える大小の門、四七の櫓が威容を誇った。明治の廃城令では存城処分とされ、軍の管轄下で多くの建物が解体、移築の運命をたどる。

堀、石垣、祈禱《きとう》を行った祈念櫓、潮見櫓、国の重要文化財である南丸多聞櫓が残っているが、ただ一つの門の遺構だった下《しも》の橋《はし》大手門（渦見門《うずみもん》）は二〇〇〇年（平成一二）、不審火によって一部を焼失した。

地下鉄空港線の通る明治通りを赤坂駅から水堀に沿って歩く。移築された二層二階の潮見櫓を見ながら堀を渡り、下の橋大手門跡から入城してみよう。左手の三の丸跡は平和台陸上競技場と、奈良・平安時代の迎賓館《げいひんかん》である鴻臚館《こうろかん》の発掘調査地区になっている。

入城するなり、戦国の雄の名に出会った。右手の海鼠壁《なまこ》が美しい武家屋敷門は、「黒田節」で有名な黒田家重臣の武将母里太兵衛《もりたへえ》邸から移築された長屋門である。その奥の小高い丘は長政の父黒田如水が最晩年の二年間を暮らした隠居屋敷跡だ。

隠居屋敷の近くに市内東区から移築した名島門《なじまもん》が建つ。小早川隆景《こばやかわたかかげ》が築城し、福岡城築城前に黒田氏が入った名島城の城門である。切妻造り、本瓦葺《ほんがわらぶき》の櫓門古式を伝え簡素で美しい。

戦国の気風を伝える南丸多聞櫓

鬱蒼《うっそう》とした樹林を、松ノ木坂門跡から桐ノ木坂門跡へ。左手は福岡城址のハイライト、本丸を囲む二の丸、南丸、多くの櫓跡、大、中、小の天守台跡などがひしめいている。

天守を防御する鉄門跡の石段を過ぎ、鉤《かぎ》の手に折れ、石垣の道をたどって三つの天守台をめぐる。順路はまるで石壁に囲われた迷路のようだ。かつて福岡城には天守がなかったとされていたが、大天守台に四二個の礎石が発見され、天守の有無が議論されているという。城内いたるところで見られる石垣は打込接で、その美しさに魅せられて訪れる城郭ファンも多い。大天守台の上からは北の博多湾や西の大濠《おおほり》公園が一望できる。

城址の南端、南丸多聞櫓は二の丸南西側の防御として一六〇七年（慶長一二）に建てられ、幕末に再建された。一層造り多聞である西平櫓と、両端の二層の隅櫓で構成される。多聞櫓は長さ三〇間、一六の部屋があり、石落《いしおとし》が設けられ、鉄砲狭間が切られ、戦国の気風をまざまざと伝える。

帰りぎわ、橋でつながれた大濠公園の島々を渡った。博多湾から入りこむ内海の草香江《くさがえ》（荒津の江）を利用した天然の外堀で「天下堀」とも呼ばれる。歩みつつ、福岡城址の威容に感嘆するばかりであった。（国指定史跡）

アクセス　ＪＲ博多駅から赤坂駅まで七分、大濠公園駅まで九分／福岡空港から赤坂駅まで一三分、大濠公園駅まで一五分／市営地下鉄空港線赤坂駅から下の橋跡まで、徒歩一五分／市営地下鉄空港線大濠公園駅から下の橋跡まで、徒歩三分

壮大な石垣の山城

津和野城

築城初期の遺構、中荒城《なかあらじょう》、南出丸が残る

山陰の小京都として人気の津和野。島根県南西部の山あいに位置し、城下町時代の美しく穏やかなたたずまいを残す。白壁と赤瓦《あかがわら》の家並み、通りに沿って流れる掘割、清冽《せいれつ》な水に群れ泳ぐ鯉《こい》、初夏の花菖蒲《しょうぶ》や秋の紅葉、四季折々の彩は趣深い。

なんといっても見どころは、町のどこからも石垣を仰ぐことができる全国有数の山城・津和《つわ》野城《のじょう》（三本松城）である。近年、〝天空の城〟として人気の城址がいくつかあるが、山上の津和野城もまた、その一つに数えていい。

近世の絵図によれば、城門が六、櫓が一四、三重天守、全山に八八カ所におよぶ堀切、竪堀《たてぼり》、横堀を備え、多くの曲輪、出丸（出城）を持つ防備の厳重な城であった。

城址の往復には観光リフトを利用できる。片道は五分ほどだ。全曲輪の石垣がほぼ完全な形で保存されているので、ゆっくりめぐり、存分に味わってみよう。各所に案内板や標柱、道標

が建てられている。

本丸である三十間台《さんじつけんだい》は標高三六七m、比高二〇〇mの霊亀山《れいきざん》山頂に築かれ、ここからの眺望はすばらしい。津和野城下を一望できる。西寄りの少し低い二の丸には二t以上ある大きい石が使われた天守台がある。天守は一六八六年（貞享三）に落雷のため焼失し、その後再建されなかった。

天守台の北側に腰曲輪、三の丸は天守台の西と南の二方向に突きだす。西にのびる三の丸には馬をつなぐ馬立《うまたて》、排水溝跡のある台所、海老櫓が置かれた。南方向へ突きだす三の丸の先には南櫓門が設けられ、築城初期の遺構である中荒城、南出丸がある。

明治の廃城で商人に払い下げ

天守台から南門へと続く石垣の広壮さには目を見張った。東門に近い三段の石垣で築かれた三段櫓から曲輪へと連なる石垣の雄大さは堅固な防備をまざまざと見せ、石垣ファンにはたまらない魅力である。北方の尾根筋には綾部丸《あやべまる》と称する出丸が築かれ、城の東麓《とうろく》に居館（津和野藩邸）や侍屋敷が置かれていた。藩邸の馬場先櫓（幕末の再建）と物見櫓が現存している。

城の歴史は古い。鎌倉時代の一二八二年（弘安五）、地頭に任じられた吉見頼行《よしみよりゆき》が元寇《げんこう》の防備のため下向、一二九五年（永仁三）に山裾から山頂に向かって築城を始め、完成までに三〇年の歳月を要したという。吉見氏一四代が三一九年のあいだ居城し、室町末期に壮大な石垣を構築したといわれる。

関ヶ原の戦いで西軍についた吉見氏が敗れて長州に移ったあと、坂崎出羽守直盛《さかざきでわのかみなおもり》が入城し城郭を大改修、今日残る遺構の大部分が、このとき築かれたものである。

坂崎氏一代一六年の在城ののちは明治維新まで亀井《かめい》氏が一一代二五〇年余にわたり在城した。一八七一年（明治四）、諸藩に先駆けて廃藩になり廃城、城は商人に払い下げられ解体された。

直盛は津和野城下の発展に貢献した。水路に発生する蚊の対策に鯉の養殖を創始、紙の原料のコウゾを植樹、藩の産業の基礎を築いたのである。（国指定史跡）

アクセス　ＪＲ山口線津和野駅から城址登り口まで徒歩二〇分／観光リフト五分、リフト終点から本丸跡まで徒歩二〇分／城址登り口から山頂まで、徒歩約一時間（熊出没に注意）

女城主　井伊直虎《なおとら》ゆかりの城

戦国時代、浜名湖の北、遠江国《とおとうみのくに》（静岡県西部）引佐郡井伊谷郷《いなさごおりいいのやごう》に、今川《いまがわ》氏、武田氏、織田氏、徳川氏らが勢力を振るうはざまにあって、勇気と聡明さで家と領国を守りぬいた女城主がいた。有力国人領主（在地領主）井伊宗家のひとり娘次郎法師《じろうほうし》直虎である。駿河《するが》から遠江へ支配を広げる今川氏によって、井伊家の男たちは次々と戦に駆りだされて戦死、あるいは殺害され、直虎が城主になる。この時代、女性の城主はまれであった。

激動に揉《も》まれながら、直虎は、結ばれることなく散った許婚《いいなずけ》井伊直親《なおちか》の遺児を育てあげ、若き戦国大名徳川家康に仕えさせた。やがて「徳川四天王」のひとりとなる勇将井伊直政《なおまさ》である。直政は秀吉の小田原征伐のあと関東を領した家康から家臣随一の禄高一二万石で箕輪城《みのわじょう》（群馬県高崎市）を与えられ、のち、彦根藩の祖となった。

井伊家の徳川家への忠勤は代々子孫に受け継がれ、譜代家臣の筆頭として幕末の井伊直弼《なおすけ》を含め五人の幕府大老を輩出して幕政を担った。江戸時代を通じて彦根藩主であり、彦根城は一度も戦禍に遭うことなく明治を迎える。直虎は、その礎を築いた女性であった。

井伊家発祥の地に建つ平安からの山城

井伊谷城

宗良親王《むねよししんのう》が五〇年にわたり本拠地にした御所丸《ごしよのまる》

井伊氏発祥の地に築かれた井伊谷城《いいのやじよう》。築城は平安時代にさかのぼり、一〇一〇年（寛弘七）ごろだという。標高一一四m、麓からの比高八〇mほどの山城である。坂道と階段でたどる山上の大手門跡までは、ほんの一五分足らずだが、けっこう息が切れる。武士たちでも、戦支度に身を包んでの登り降りは苦労だったにちがいない。

山頂は平らに削られた本丸跡だ。物見台、倉庫などが置かれていた。さして広くないが、すばらしい眺望だ。浜松市内、遠く浜名湖の一部、背後の山地も見渡すことができる。しっかりと望楼の役割を果たしたことだろう。

本丸の北寄りに御所丸《ごしよのまる》と呼ばれる高みがある。一三三七年（延元二）、井伊家は後醍醐《ごだいご》天皇の皇子宗良親王をここに迎えた。親王は没するまで約五〇年間、井伊谷城を本拠に諸国を転戦する。御所丸は親王の宮跡である。城址には搦手門《からめてもん》跡や土塁、腰郭《こしぐるわ》が残る。（浜松市指定史跡）

井伊谷城本丸跡から浜名湖を望む。四囲に井伊家の財力を支えた山河が見渡せる

戦時は三㎞ほど北東の三岳《みたけ》山頂に築かれた井伊家の本城三岳城（国指定史跡）を陣とした。

平時の住まいである井伊館（井伊城）は山を下った東南麓にあり、土塁や水堀を備えた本丸、二の丸、三の丸が置かれていたが、宅地化で姿をとどめていない。屋敷地の北西隅とされる場所に、謀反を問われて今川氏に惨殺された井伊直満《なおみつ》、直義《なおよし》兄弟（直虎の大叔父）の供養塔「井殿《いどの》の塚」が建つ。幕末、大老井伊直弼も参拝したという。井伊館の一㎞ほど南に、要塞のような石垣の参道を持つ井伊家の菩提所《ぼだいしょ》龍潭寺《りょうたんじ》がある。

アクセス　ＪＲ東海道本線浜松駅からバスで五〇分「井伊谷」下車、徒歩二〇分／新東名高速道路浜松いなさＩＣから国道二五七号線

南北朝からの平山城

松岡城

伊那路に残る長野随一の城跡

直虎の許嫁井伊直親は、今川に謀殺された井伊直満《なおみつ》の嫡子だった。直満が殺されると、直親にも暗殺の手が迫り、龍潭寺《りゅうたんじ》の法縁を頼って信濃《しなの》の松源寺《しょうげんじ》(下伊那郡高森町《たかもりまち》下市田)に身を隠す。このとき直親は九歳、直虎もまだ七、八歳だったという。直親が井伊谷城に帰還し、城主となったのは一〇年後であった。直親には、松源寺の開基である下伊那の国人領主松岡氏のはからいで現地に妻と二児がいたが、帰還すると井伊家別家の娘を正室に迎え、男児(のちの井伊直政)が生まれた。井伊家の家督を継いだ直親は、ほどなく今川義元《よしもと》から謀反を疑われ、惨殺されてしまう。やがて井伊家の男子は戦や暗殺ですべて絶え、直虎が女城主となった。

松岡城《まつおかじょう》は南北朝の争乱のころ、松岡氏によって築かれた平山城で、一五五四年(天文二三)、武田信玄の伊那侵攻のとき武田の軍門に降《くだ》るまで、およそ二〇〇年間、松岡氏の本拠であり、一帯には二〇を超える支城を持っていた。一五八二年(天正一〇)武田氏が滅び、松岡氏は伊

天竜川に向かって突き出した河岸段丘に土塁、V字形の空堀が残る

那谷の支配者となった徳川家康に従うが、改易（家禄、屋敷の没収）され、井伊直政の懸命な助命嘆願で直政に預けられ、松岡城は廃城になった。

松岡城は中央アルプスの山裾、高森町の東南部に位置し、東は天竜川を望む標高五六〇mの河岸段丘の突端、西は平地に連なる地に築かれていた。東西約二〇〇m、南北約三〇〇m、総面積およそ一二〇a、半島状の丘陵を利用した城地の北側と南側は深い谷、東の先端は何段もの小曲輪をならべ、急峻な崖に切岸を抉《えぐ》り、自然の地形を利用した堅固な城砦《じょうさい》であった。

城内は東側の本丸跡を除く大部分が田畑になっているものの、西方向へまっすぐに配された二ノ丸、三ノ丸、東惣構《そうがまえ》（東惣曲輪《そうぐるわ》）、西惣構（西惣曲輪）など、連郭式の曲輪がはっきりと残り、曲輪は広い所で幅一六mもある大きな空堀で区切られ、土橋で結ばれている。

現在、西惣構の地、堀切を背に松源寺が建つ。直親が身を寄せたころは、城下町を隔て、さらに西の山地寄りに建っていたが、武田氏滅亡後に攻めこんだ織田軍に火をかけられ焼失、現在地に移転したという。

宅地化など開発の手が及ばなかったこともあろう。曲輪跡、土塁、堀切、井戸跡など遺構はよく残っており、長野県下随一の城跡といわれる。近くの「高森町歴史民俗史料館」では直親愛用の篠笛（複製）も展示、松岡城についても詳しい。

訪れたのは四月下旬、信州伊那谷は遅い春を迎え、城址は桜と新緑がまぶしく、本丸跡に張りめぐらせたロープに無数の鯉のぼりが泳いでいた。地域の人びとの城址への愛着が偲ばれる。紅葉や新雪のころも絶景と聞いた。再訪の期待がふくらむ。

本丸の東端に立つと、はるか眼下に天竜川と飯田市が広がり、さらに東向こうには南アルプスの山々が屏風のようにそびえ連なる。この城地の峻険さ、風景の広大さは感動的ですらあった。（高森町指定史跡）

アクセス　ＪＲ飯田線下市田駅から徒歩二〇分／中央自動車道松川ＩＣから県道一五号線、牛牧から町道

コラム　「荒城の月」の城はどこか

哀調をおびた唱歌「荒城の月」は、散りゆくもの、滅びゆくものに思いを寄せる日本人の美意識を誘い、長く愛唱されてきた。

一八九八年（明治三一）、英文学者・詩人の土井晩翠《ばんすい》が東京音楽学校（現東京芸術大学）から中学唱歌用の歌詞を委嘱されて作詞、同校がこの詩につける曲を公募し瀧廉太郎《れんたろう》の曲が採用され、一九〇一年（明治三四）に発表、『中学唱歌』に収められた。

「荒城の月」の詞が構想された舞台として、三カ所（仙台青葉城、会津鶴ヶ城、岡城）の城址があげられる。晩翠は晩年、詞の舞台を尋ねられ、三つとも本当であると答えたという。

仙台（青葉《あおば》）城址

詩人で英文学者の土井晩翠は仙台に生まれた。仙台は古くは「千代」と書いて「せんだい」と呼ばれていたが、藩祖伊達政宗《まさむね》が文字を「仙台」と改めた。これにちなみ、歌詞の「千代」は、暗に「仙台」を示しているといわれる。

一九五二年（昭和二七）、地元の人びとの尽力で仙台城址に「荒城の月」の詩碑と晩翠の胸像を建立。除幕式の日、病をおして出席した晩翠は、「身にあまるほまれをうけてただなみだ感謝をささぐ一切の恩」と詠み、号泣したと言い伝えられる。

九戸《くのへ》（福岡）城址

一九四四年（昭和一九）、りんご狩りに青森県二戸《にのへ》市を訪れた土井晩翠は九戸城の悲劇を聞き、自ら筆を執り「荒城の月」の書を残して帰った。その書のまま刻んだ碑が九戸城址に建てられている。

会津若松城（鶴《つる》ヶ城《がじょう》）址

一九四六年（昭和二一）秋、福島県会津若松市在住の晩翠の知人が、晩翠夫妻を迎えて「荒城の月作詞四八周年記念音楽会」を開催、当日の参加者が「荒城の月」を合唱したあと、晩翠は「只いま、皆さん方が歌ってくださった私の荒城の月の基は、鶴ヶ城と青葉城の二つです。修学旅行で会津を訪れ、鶴ヶ城の光景を深く印象に残した」とスピーチしたので、会場は仰天したと現地の人びとは語っている。

歌碑の揮毫《きごう》を求めると晩翠は頰《ほお》を紅潮させ「感激にたえません。私一生の光栄です」と挨拶《あいさつ》したという。晩翠揮毫の碑は鶴ヶ城址の月見櫓の近くに建つ。

一方作曲家の瀧廉太郎が曲のイメージを喚起した場所として二つの城址が名乗りを挙げている。

岡城址

大分県の岡城址に近い集落に歌碑が建つ。地元の人びとが晩翠に頼み、揮毫してもらった。瀧廉太郎は父の転勤により、一一歳から、一六歳で東京音楽学校に入学するまで竹田市に住んでいた。

晩翠は二度、竹田市を訪れているという。豊後竹田駅では列車到着時に「荒城の月」のメロディーが歌詞付きで流れる。岡城の下を走る国道の車線にメロディー舗装の区間があり、岡城にもメロディーが聞こえる。

富山城址

瀧廉太郎は父の転勤により、富山県尋常師範学校付属小学校の一学年の途中に転入し、三学年半ばまで一年八カ月を過ごした。富山県九州人会により「修学碑」が旧富山城「赤蔵跡」に建てられた。廉太郎の作曲のなかでも「お正月」「雪やこんこん」は富山生活を偲んで作曲されたという。

第四章　再建、再興された天守や館《やかた》に往時を偲《しの》ぶ

北の大地に偲ぶ激戦の跡

五稜郭

江戸幕府が造った日本初の西洋式城塞

本章では、一度その姿を失いながらも、天守や櫓《やぐら》などを再興した城を取りあげる。戦に斃《たお》れ、あるいは廃城になり、かつての雄姿は幻と消えていった。だが、荒れ果てた城跡は、なおも栄華の日々や傷跡を語り継ぐ。再興は埋もれたエピソードを呼び覚まし、郷愁を誘い、深い趣を告げてやまない。栄華と攻防の跡がまざまざとよみがえる、そんな城跡をたどってみたい。

豪風雪で羽田から函館《はこだて》への便は半日欠航、快晴になった翌朝、五稜郭《ごりようかく》へはタクシーで向かった。行きがけに、一八六九年（明治二）の箱館《はこだて》戦争で戦死した旧幕府軍の土方歳三《ひじかたとしぞう》と、中島三郎助《なかじまさぶろうすけ》父子の碑に立ち寄りたい。土方の碑は函館駅に近い総合福祉センターの入口近くに、中島父子の碑は五稜郭へ一・五kmほどの道路の分岐にあり、雪をかき分けて歩み寄り、しばし黙禱《もくとう》する。

その後、二〇〇六年（平成一八）に竣工した高さ一〇七mの新五稜郭タワーの展望台から、

雪に覆われると星型の保塁や堀、石垣が際立つ

五稜郭の全貌を眺めた。雪景色はさいわいだった。水堀で囲まれた五芒星《ごぼうせい》型の堡塁《ほるい》がくっきりと浮き立って見え、中央部の松の木立や「箱館奉行所」も雪化粧をほどこされ、ことのほか美しい。

奉行所南棟と中央棟部分が復元・公開されたのは二〇一〇年（平成二二）のこと、幕末の建設当時と同じ材料、同じ工法で建造された。

江戸幕府は一八五四年（安政元）に日米和親条約を結び箱館開港が決定すると、箱館山の麓《ふもと》に「奉行所」を置いた。だが、箱館湾からの大砲射撃の危険があったため、射程外である現在地に防御設備の整った城の建築を開始、七年かけて五稜郭が完成した。

五つの稜堡《りようほ》を構え、星形の一辺の長さは約八〇m、外周に堀を設け、砲撃に備え土塁を厚くした

武者返しの石垣。石垣の上に板石を張り出させ、敵兵が乗り越えることを防ぐ

日本初の西洋式城塞《じょうさい》である。二四斤砲《きんほう》四門も配備された（同時期に長野県佐久市の龍岡城《たつおかじょう》にも五陵の稜堡式城郭が築かれている）。

工費は箱館港の弁天台場など付帯工事も含めて二一万両余（一両は約六万円）の巨額にのぼり、工事夫は最盛期で五、六〇〇〇人に達し、箱館はおおいに栄えたという。だが、完成から四年後に幕府は崩壊、新政府はここに「裁判所」を置いたが、翌年の箱館戦争で旧幕府脱走軍に無血占領されてしまう。新政府軍は雨のごとく砲弾をあびせて落城させ、のち解体したが、堀、土塁は原型をとどめている。石垣上の土塁は高さ六～七mはあろうか。堀の深さも四mはあるという。防御の構えは厳重だと察せられる。

一九一四年（大正三）、五稜郭公園として開放され、桜の名所、函館を代表する観光地として親しまれるようになった。

一の橋で堀を渡ると半月堡《はんげつほ》と呼ばれる馬出《うまだし》、二の橋を渡れば表門になる。左右の石垣の上部に珍しい構造を見つけた。石垣の上に板石を張りださせている。敵兵が乗りこえられないようにしたもので、台場（幕末に設置された砲台）遺構に特有の武者返し（はねだし）だという。ここも幕末の要塞であると改めて知る。外界からの視界をさえぎる長四角形の衝立様の見隠塁《みかくしるい》が出入口の内側に設けられている。（国指定特別史跡）

アクセス　函館市電「五稜郭公園前」から徒歩五分／函館本線五稜郭駅から徒歩四〇分／函館バス「五稜郭公園入口」から徒歩七分／函館バス　五稜郭タワー・トラピスチヌシャトルバスで「五稜郭タワー前」下車すぐ／道道五七一号五稜郭公園線

会津若松城

戊辰《ぼしん》戦争に散った「荒城」のいま

石垣と堀が物語る戦禍

四季おりおりに美しい姿を見せる会津若松城《あいづわかまつじょう》。別名を鶴ヶ城《つるがじょう》という。春は桜に彩られ、夏は緑がそよぐ。秋は紅葉が舞い、冬は白一色の世界になる。深い雪に閉ざされる日々、降りつづく雪に飽くこともある。だが、一八六八年（慶応四、明治元）の晩秋、会津では雪の訪れを待ちかねた。

幕末維新の戦い、戊辰《ぼしん》の役《えき》が最終局面を迎えようとするころ、旧幕府側の抗戦拠点とみなされた会津に新政府軍が迫った。若松城を包囲し、猛攻を繰り返す。五〇門の大砲から、各五〇発の砲弾が城内に打ちこまれたという。会津の武士や婦女子は籠城《ろうじょう》して激しい砲撃に耐え、城も防御力を存分に発揮した。

新政府軍は主に、長州《ちょうしゅう》（山口県）、薩摩《さつま》（鹿児島県）、土佐《とさ》（高知県）など、南国出身の兵からなる。寒さに慣れない彼らは、雪が降れば攻撃力がにぶるにちがいないと、会津軍は冬将軍に戦況好転の望みを託したのである。

だが、九月二二日（新暦一一月六日）、会津武士の一カ月におよぶ奮戦もむなしく、徳川《とくがわ》幕府に忠誠をつくした会津藩主・松平容保《まつだいらかたもり》は降伏を表明。白《びゃっ》虎《こ》隊《たい》の悲話など、残酷《ざんこく》な戦の傷を残して若松城は落城した。

東北一の規模を誇る石垣、多くの遺構が名城の面影を語り継ぐ

一八七二年（明治五）ごろに撮影された若松城の天守や御殿は、無数の砲弾跡に傾き崩れ、戦のすさまじさ、敗残の哀れを語り、あまりに痛々しく胸がふさがる。ほどなく城の取りこわしが始まり、一八七四年（明治七）廃城、石垣と堀を残して、文字どおり

荒城となった。東北一の規模を誇った城郭も石垣も、新時代の到来を前に、むなしく潰《つい》えたのであった。

櫓や天守の復興、復元へ

悲劇の舞台であった天守、鉄門《くろがねもん》と天守とのあいだを結ぶ渡櫓《わたりやぐら》は一九六五年（昭和四〇）に復興、二〇〇一年（平成一三）、南走長屋《はしりながや》と干飯櫓《ほしいやぐら》を復元。二〇一一年（平成二三）、黒瓦《くろがわら》の天守の屋根を、廃城以前の赤瓦《あかがわら》に葺き替える工事が竣工《しゅんこう》した。

天守内部は、古来の姿を残して郷土博物館となり、多くの展示品が若松城の栄枯盛衰を語る。

年末、雪景色の若松城を訪ねた。天守はりんとした気品を放ち魅了する。城址《じょうし》の東側、二の丸跡から登城してみよう。廊下橋の朱塗りの欄干に導かれ、深い堀を渡るとき、水辺から立ちあがる石垣の「扇の勾配」の反りに息をのむ。高さ二〇m、幅一二〇mにわたって築かれた苔《こけ》むす高石垣は、まだらに雪をまとい、この城が戦の砦《とりで》であったことを眼前に突きつけてくる。

廊下橋御門《ごもん》跡の正面、行く手を阻む高い石垣越しに、雪をいただいた天守上層部がそそり立ち、登城の期待がふくらむ。戦国時代末期は、ここが大手門であった。

総石垣の本丸跡は、人ひとりが通れるほどの幅に雪が除けられている。走長屋跡の石垣に沿っていくと、本丸埋門《うずみもん》跡の真ん前が天守だ。

天守台は蒲生氏郷《がもううじさと》が城主だった一六世紀末に築かれたもので、現在より地表が一m低かったため、当時の高さは一二mあったという。自然石にほとんど手を加えずに積みあげる「野面《のづら》積《づみ》」で築かれており、石垣ファンを夢中にさせる。

室町時代に、ここ黒川の地に蘆名《あしな》氏が館を築き、のち、奥州制覇をもくろむ伊達政宗《だてまさむね》が蘆名氏を破って入城。一五九〇年（天正一八）、天下統一をほぼ成し遂げた豊臣秀吉《とよとみひでよし》は、黒川城を「奥州仕置」の拠点とし、蒲生氏郷に治めさせた。氏郷は、黒川と呼ばれていた城下を若松に、城の名を若松城に改めて人心の一新をはかり、城を改修し、城下町を整備していく。

三年後には金箔瓦《きんぱくがわら》が輝く七層、漆黒の大天守が完成した。高さ一二mの天守台に七層の大天守、さぞかし威容を誇ったことだろう。江戸初期に白亜の五層の天守に縮小、防御施設が増築されるが、現在も、城の縄張、城下の町割りは、蒲生時代の名残を色濃く残している。

国指定史跡の本丸跡は全国的に見ても広大で、内周は八〇〇mにもおよび、めぐっていくと石垣に突きあたり、行く手に迷う。野面積、切込接《きりこみはぎ》と、見ごたえのある石積に手を触れれば、武者の息づかいさえ届いてきそうだ。太鼓門石垣の「遊女石」は、城内最大、およそ七・五tと推定される。巨大な石材は、遊女の歌や踊りに励まされて動かしたという。

堀に沿う石垣に登り、月見櫓跡、茶壺《ちゃつぼ》櫓跡をたどると、土塁の縁《へり》に塀の杭跡をはっきりと認めることができる。何やら新発見をしたようで心が弾む。石垣下の麟閣《りんかく》と名づけられた茶室は、茶人千少庵《せんのしょうあん》作と伝えられる。蒲生氏郷は利休七哲《りきゅうしちてつ》のひとりに数えられる茶人で、千利休が秀吉によって自害させられたあと、利休の養子の少庵を会津に招いて庇護《ひご》した。麟閣は一八七二年（明治五）、城外に移築されたが、一九九〇年（平成二）、本丸の元の場所に戻された。

動乱の時代を生きた女性たち

外廓の総構《そうがまえ》は総延長六kmにおよび、一六の郭門《くるわもん》があったが、現在は甲賀町口郭門《こうがまちぐちくるわもん》の石垣のみが残る。城内の建物遺構としては、市内、七日町《なぬかまち》駅に近い阿弥陀《あみだ》寺に移築された御三階《おさんかい》が、ただ一つ現存する。本丸御殿の東庭に築かれていた三階建の建物で、数寄屋《すきや》風の楼閣建築の廻縁《まわりぶち》、高欄《こうらん》、板扉が風流をかもし、若松城の往時を偲ぶことができる。

会津戦争では、藩の砲術師範の娘に生まれた山本《やまもと》（のち新島《にいじま》）八重《やえ》が活躍した。新政府軍の砲撃にスペンサー銃で応酬、一方で大砲隊を指揮し、敵兵を撃ちまくって奮戦。のち夫・新島襄《じょう》とともに同志社大学の創立にかかわる。中野竹子は敵を迎え撃とうと娘子隊《じょうしたい》を結成。死に装束を着け、長刀《なぎなた》を手に敵に斬りこんだが、額に銃弾が命中し命を落とした。藩家老の娘・山川（のち大山）捨松《すてまつ》は敵弾が雨あられとそそぐ城中で負傷者を介護。のち新政府の女子留学生に応募して渡米。一一年後に帰国すると、会津攻撃の砲兵隊長だった大山巌《いわお》と結婚し、「鹿鳴館の花」とうたわれ、文明開化や津田梅子の女子英学塾の設立、存続に力をつくす。会津藩士の娘若松賤子《しずこ》は、横浜商人に引き取られてフェリス女学校を卒業。明治女学校教師の巌本善治《いわもとよしはる》と結婚して同校で教鞭《きょうべん》をとるかたわら、女権拡張を説く『女学雑誌』に多くの記事を投稿。いまに読み継がれるバーネットの児童小説『小公子』を翻訳して坪内逍遥《つぼうちしょうよう》ら文化人に激賞された。動乱の時代、会津では女たちもまた、英雄だったのである。（国指定史跡）

アクセス　ＪＲ磐越西線会津若松駅から周遊バスで二〇分、「鶴ヶ城入口」下車。

幕末に築城され、短命に終わった北の孤城

松前城

戊辰の弾痕《だんこん》を残したまま焼け落ちた日本最後の城郭

北海道南端、津軽海峡の抑えの地にある松前城《まつまえじょう》（福山城）の前身は、江戸初期に築かれた福《ふく》山館《やまだて》。松前には一五世紀半ばごろ、大館《おおだて》と呼ばれる蠣崎《かきざき》氏（のち松前と改名）の館があり、アイヌ民族支配の砦でもあった。一六〇〇年（慶長五）から一六〇六年（慶長一一）にかけて、松前藩初代藩主・松前慶広《よしひろ》が現在の城地に大規模な陣屋・福山館を築いた。

一八四九年（嘉永二）、江戸幕府はロシアの南下などに備える北方警備の拠点として、松前藩に海防を目的とした新城の築城を命じ、一八五四年（安政元）、松前城が完成する。日本で最後の本格的な和様の城郭で、北海道では唯一のものであった。（城址は国指定史跡）

城域は東西二四〇m、南北三〇〇m、本丸、二ノ丸、三ノ丸からなり、三層の天守が上げられ、四つの櫓、一六の城門が築かれた。三ノ丸には七基の砲台、城外にも松前湾に向けて九基の砲台が設置され、計三七門の大砲を配備。城壁のなかには鉄板を仕込み、強固な石垣を築くなど西洋の軍事様式も取り入れた、わが国最後の本格的城郭であった。

城址には藩士の登城道だった馬坂《うまさか》から反橋《そりばし》を渡り、搦手《からめて》二ノ門から入る。正門の向こうに桜に映える三層の天守と重厚な本丸御門（重要文化財）が出迎えてくれる。いまに残る松前城の遺構は、この本丸御門と本丸御殿玄関、砲弾跡も生々しい石垣のみだ。

三重三層の「独立式層塔型」といわれる天守は、戊辰戦争の際、旧幕府軍の砲撃を受け、弾痕を刻んだまま一九三五年（昭和一〇）、国宝に指定されたが、一九四九年（昭和二四）、町内の火災のもらい火で惜しくも焼失。町民の熱望で一九六〇年（昭和三五）、鉄筋コンクリート造りではあるが外観を忠実に復元、松前城資料館となっている。幕末に築城され、短命に終わった松前城の姿を伝える絵図は非常に少ないが、発掘調査で外堀、石垣の根石、台場跡、番所跡などを確認、外堀にかかる木橋、石橋、搦手二ノ門、天神坂《てんじんざか》門が調査や古写真をもとに再興された。

修復されないまま廃城へ

松前城の完成で、松前氏は、初めて一万石格の城持ち大名になった。海辺の高台の城に望楼としての天守はいらないはず、まして砲撃戦を予想するなら、天守は恰好《かっこう》の標的になる。それにもかかわらず築かれた天守は、松前氏の悲願だったのかもしれない。

松前は寒冷地で、米はまったくとれず、「無高《むだか》の藩」とよばれたが、漁業の商場（交易場）が米に代わる知行として与えられ、松前、箱館、江差《えさし》の三港に入港する船からの通行税、漁業権益で藩財政は潤った。

松前城下の富商の豪邸、豪壮な寺町、妓楼《ぎろう》がにぎわう様子は、幕府役人に捕まり松前の監獄に二年三カ月にわたって抑留されたロシア船ディアナ号艦長ゴロウニンの『日本幽囚記』に描かれている。北前船で繁栄したころの人口は二万五〇〇〇以上と、いまの二倍ほどもあった。

異国襲来に備えた松前城を攻撃したのは外国ではなかった。一八六八年（明治元）一〇月、新政府軍への恭順に反対する旧幕府脱走軍の軍勢は、榎本武揚《えのもとたけあき》を首領とし、軍艦八隻に乗りこんで箱館の北方、森村に上陸。箱館五稜郭を落とし、松前城に迫った。元新撰組《しんせんぐみ》の土方歳三が率いる七〇〇の兵が猛攻、最新式の大砲で砲弾を城内に撃ちこんだ。城に配備した大砲の砲弾は、飛距離不足のため敵軍艦には届かなかったと伝えられる。

城下の豪商たちは、艦砲射撃が炸裂《さくれつ》する城下を「さっさと捨てた」という。藩は城下が旧幕府軍の拠点とならないよう、寺社や大店を焼き払う。住民の多くは山間部に避難、藩主らは津軽に落ちのび、城は数時間で落城した。

翌年、新政府軍は、松前城を旧幕府軍から奪い返したが、改修されることなく廃城令によって、一八七五年（明治八）、本丸御門、本丸御殿の一部、天守を除いて取りこわされる。旧大館に近い阿吽寺《あうんじ》の山門は、松前城の城門を移築したものだ。

白神岬《しらかみみさき》には「北海道最南端」の碑がある。付近の旧波止場跡は、廃城令によって解体された松代城の石垣で築かれた。ここから青森県の竜飛岬《たっぴみさき》までは直線で二〇km、目をこらせば、津軽半島の家並みまで見えてきそうだ。

アクセス　ＪＲ江差線・津軽海峡線木古内駅から函館バス松前出張所行き約一時間三〇分「松城」下車、松前城正門まで徒歩一〇分／函館空港から国道二二八号線で二時間三〇分

伏見城

秀吉《ひでよし》が造り、三成《みつなり》の猛攻で焼け落ちた家康《いえやす》の城

三度築城された伏見城

近鉄京都線の電車が京都駅を発車して一〇分ばかり、伏見駅を過ぎると、車窓の左前方の丘に伏見城《ふしみじよう》の天守が見えてくる。みごとな大天守、木の間がくれの小天守、近づくにつれ期待がふくらむ。これが実在の天守に似せた「模擬天守」だとは分かっていた。だが、豊臣秀吉が隠居屋敷として築いた木幡山《こはたやま》伏見城の地であることはまぎれもない。

近鉄丹波橋駅で降り、城址に向かってゆるやかな坂を登る。ほどなく模擬大手門の前に出た。その奥には、よく手入れされた庭園を前景に、五層六階の大天守、三層四階の小天守が石垣台上に建つ。黒瓦の屋根、高欄付廻縁、唐破風《からはふ》、千鳥《ちどり》破風と、整った姿に魅了される。陽《ひ》を受けて白壁に朱塗りの木部が映え、贅《ぜい》をつくした秀吉の城を見ているのだと錯覚してしまいそうだ。

この場所も、もともと天守の建っていた本丸の位置ではない。四〇〇mほど北西の、御花畑山荘の跡地にあたる。一九六四年（昭和三九）、遊園地がオープン。「洛中洛外図屏風《びようぶ》」に描か

れた伏見城を参考に、大天守・小天守・櫓門などが鉄筋コンクリートで造られた。遊園地は二〇〇三年（平成一五）に閉園。模擬天守は京都市民の運動によってシンボルとして保存されることとなり京都市に寄贈されたが、耐震基準に満たないため、現在は公開されていない。

伏見城は三度にわたって築城された。最初は伏見指月《しげつ》（伏見区桃山町泰長老《たいちょうろう》）に築かれた指月伏見城である。

秀吉は関白の地位と京都の聚楽第《じゅらくてい》を甥《おい》の豊臣秀次《ひでつぐ》に譲り、一五九二年（文禄元）、隠居後の住まいとするために、指月の丘に築城を開始。四年後、きらびやかな城が完成するが、直後の一五九六年（文禄五）閏《うるう》七月、慶長伏見地震で倒壊してしまう。

暑い盛りの深夜の地震だった。裸で寝ていた秀吉は四歳の嫡子・秀頼を抱き、ようやくのことで脱出した。上臈《じょうろう》や仲居など六〇〇人近い女人が犠牲になったと伝えられる。朝鮮の役の講和を模索するさなかのこと、接待のため伏見城に集められた選りすぐりの美女たちであったという。

二〇一五年（平成二七）六月、指月伏見城跡の調査により、三五mにわたる「穴太積《あのうづみ》」の石垣、幅広い堀など、大規模な遺構が発見された。大量の土器、金箔瓦なども出土、秀吉好みの豪華絢爛《けんらん》な城だったことがうかがわれる。

二度目は木幡《こはた》山伏見城である。

震災後、秀吉は一㎞ほど北東の高台、木幡山に仮小屋を造って避難生活を送るが、ここが木幡山伏見城の地となる。

翌年五月には本丸に天守や殿舎が完成、一〇月、茶亭も出来あがる。二の丸、三の丸、松の丸、名護屋《なごや》丸、山里丸など、一二の曲輪を備えた城が完成した。安土桃山時代の技術・文化の粋を集めた絢爛豪華な木幡山伏見城で秀吉は、翌年の一五九八年（慶長三）に没するまでの残りの生涯を過ごすことになる。

いまは石垣と堀を残すばかり

秀吉の没後は豊臣秀頼が入り、秀頼が大坂城に移ったあと、徳川家康の居城となった。一六〇〇年（慶長五）、関ヶ原の戦いに先立って、伏見城の戦いが起こる。家康は諸大名に会津攻めの出陣を命じ、家臣の鳥居元忠《とりいもとただ》を伏見城城代に任じ、六月一六日、大坂城を発《た》つ。

石田三成は好機とばかり、反家康派の諸大名をまとめ、七月一九日挙兵。城の守備兵は、わずか一八〇〇人。秀吉の築城した巨城とはいえ、苦戦はまぬかれなかった。八月一日、ついに元忠は討死、城兵も自刃、凄惨《せいさん》な最期であったと伝えられる。城内の主な建物は三成によってすべて焼き払われた。

三度目は家康が築城した。

関ヶ原の戦いに勝利した家康は、一六〇二年（慶長七）、伏見城を再建して帰城。大坂に移っていた大名屋敷も戻ってきた。翌年、家康は、この城で将軍の宣下を受ける。一六〇五年（慶長一〇）、御殿を新築し、徳川秀忠の将軍宣下式が行われた。

将軍家の居住用に使用されていたが、「一国一城令」により、一六二三年（元和九）廃城となる。天守は二条城に移され、多くの建物が福山城、淀城《よどじょう》ほか寺社など全国各地に移築され、わずかに石垣と堀跡を残すばかりとなった。

跡地は開墾され、多くの桃の木が植えられ、桃山と呼ばれるようになる。旧伏見城も桃山城と通称される。このことから、伏見城時代の華麗な文化を桃山文化と呼ぶようになった。本丸など主郭跡は明治天皇の陵墓（伏見桃山陵）となり、立ち入りはできない。

近鉄京都線桃山御陵前駅の近くに鎮座する古社・御香宮《ごこうのみや》神社の表門は、伏見城の大手門を移築したとされる。ぜひ見てみたいと急いだ。高さ八m、幅九mという本瓦葺《ほんかわらぶき》で屋根の両端に鯱《しゃち》を上げた雄大な門を仰ぎ、間違いなく伏見城の遺構に出合えたのだと、ほっとした。

アクセス　近鉄京都線・京阪本線丹波橋駅から徒歩二〇分／ＪＲ奈良線桃山駅から徒歩一五分

数万の石田三成勢を撃退した関東の堅城の残影

忍城

「水に浮く城」

関東有数の堅城を誇った忍城《おしじょう》（埼玉県行田市）は、豊臣秀吉の小田原攻めのとき、石田三成率いる秀吉軍と一カ月余におよぶ籠城戦《ろうじょうせん》を戦い、水攻めにも落城せず、「忍の浮き城」と不思議がられた。

浮き城の残影を味わうなら、水城《すいじょう》公園から城址方面へ歩いてみるといい。水城公園の中心にある「しのぶ池」は、かつて城の外堀だった。いまも満々と水をたたえ、外堀の広大さが偲ばれる。一五〇九年（永正六）、忍を訪れた連歌師宗長《そうちょう》は、その日記で城の周囲は四方が沼で

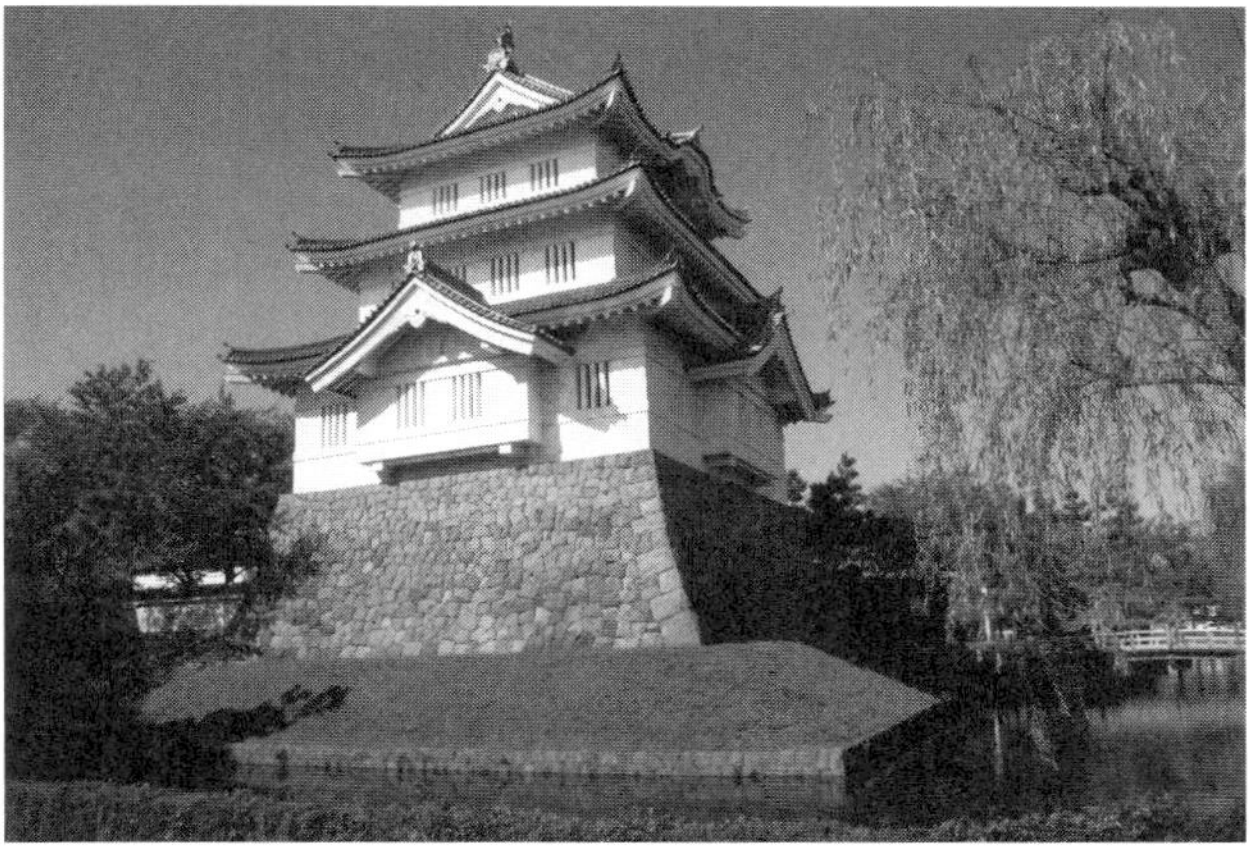

本丸跡に再建された三階櫓。かつては三の丸の南に築かれ、天守の役割を果たしていた

水鳥が多く見られたと書き残している。

水堀のなかに点在する本丸など多くの曲輪は橋で結ばれ、それぞれに城門や櫓が築かれていた。家臣たちは小舟で登城したと伝えられる。

「忍の浮き城」の魅力を知るには、三成との戦いの経過をたどるのが一番だ。

一五九〇年（天正一八）、小田原城攻めの軍を発した秀吉は、四月、関東各地の北条氏の支城攻めを開始、河越城《かわごえじょう》、江戸城なども猛攻と謀略で降伏する。

六月四日、館林城《たてばやしじょう》（群馬県）を降《くだ》した石田三成軍二万三〇〇〇余が忍城に迫る。城主成田《なりた》氏長《うじなが》は兵を率いて小田原城に籠城しており、残る城兵は三〇〇人足らずだ。氏長の妻や娘の甲《か》斐姫《いひめ》は老臣と謀り、多勢を装うため百姓、町人、

三成の陣所となった丸墓山古墳。三成の敗北は古墳を尻に敷いたからだと言い伝えられる

僧侶《そうりよ》まで城内に入れ、武士とあわせて二六〇〇人余を城内各所に配備し、応戦体制を整えた。

五日、三成軍は攻撃を開始。だが深田や沼に足をとられ、馬は転倒し、兵は腰まで沈む。三成は筏《いかだ》を組んで攻めようとしたが一向に城に近づけない。合理主義者だといわれる三成の泥まみれの苦戦の様を想像すると、つい失笑がもれる。攻めあぐねた三成は、付近の丸墓山《まるはかやま》古墳（国史跡「さきたま古墳群」の一つ）に陣を張って地勢を検分、沼沢に囲まれた忍城が一望でき、水攻めが絶好と判断した。

村々から集めた人足に、昼はひとりにつき米一升と銭六〇文、夜は米一升と銭一〇〇文と、相場の二倍以上の賃金を与え、数日間で城の周囲に全長二八km（または一四kmとも）の堤を築き、荒川と利根川の岸を切り、水を流しこんだ。

城周辺は水に浸かるが、城は水没しない。「忍城は水に浮く」という噂《うわさ》が広がる。

一八日になって豪雨が叩《たた》きつけた。またたく間に堤は決壊、三成軍は二七〇人余の犠牲者を出す。城を取り巻いた水はことごとく流出し、水攻めは失敗に終わった。一説によれば、堤防工事に駆りだされた農民たちが、城と城下を守るため、わざと堤に隙間を空けておいたともいう。忍城の周辺はますますぬかるみ、再攻撃もままならない。

七月に入ると秀吉麾下《きか》の浅野長政《あさののながまさ》、長束正家《なつかまさいえ》、真田昌幸《さなだまさゆき》・信繁《のぶしげ》（幸村《ゆきむら》）父子らの援軍が到着する。真田信繁は、このときが初陣であったという。

「戦下手」の悪評を残した三成

忍城兵を率いる甲斐姫は、近隣諸国から関東一の美女と称えられ、「女将軍」の異名をとる武勇の者だった。忍城兵は門から討ちだして勇猛に戦っては城内に引く。甲斐姫の統率力はすぐれ、城兵の戦闘意欲は高まるばかりだ。

一方、寄せ集めの秀吉軍は勝手に攻撃を開始するなど、いっこうにまとまらない。忍城に波状攻撃をかけるが、忍城兵は城を堅持し、北条氏最後の砦となっても、なお戦い抜く。結局三成らの軍は一七〇〇人余の死者を出し、ついに撤退したのであった。

七月五日、北条氏は降伏し、小田原城は開城した。すでに降伏していた成田氏長が秀吉に命じられて使者を送り、七月一六日、ようやく忍城は開城した。甲斐姫や籠城兵は勝利者のように歓呼を浴びて城を出たという。

甲斐姫はのちに秀吉の側室に召しだされ、一六一五年（慶長二〇）の大坂夏の陣では豊臣秀頼の遺児・奈阿姫《なあひめ》を守って大坂城を脱出、ともに鎌倉の尼寺東慶寺《とうけいじ》に入ったと伝えられる。奈阿姫は天秀尼《てんしゅうに》と号し、東慶寺二〇世住職となり、生涯、女人救済につくした。

水攻めの失敗で、石田三成は戦下手の悪評を現代にまで残すが、実際は、秀吉の命によって行われた作戦だったという。この苦戦に懲りた秀吉は、天下統一への最後の戦い「九戸政実《くのへまさざね》の乱」の討伐で、徹底的に叩き潰す残虐な手段をとったといわれる。

丸墓山古墳へは、ぜひ足をのばしてみたい。高さ一九mの古墳の上からは、水田を隔てて二㎞ほど北西方向に、いまも忍城の復興御三階櫓を望むことができる。湿地帯と小高い古墳、その地形が、まだ変わっていないのは感動だった。この場所に立ったなら、三成になったつもりで戦術を考えてみるのも一興かもしれない。だが何よりも、この地に生き、城を仰ぎ見た城兵や民百姓たちの郷土への愛着がひしひしと伝わってきて心を揺さぶられる。古墳から南へのびる道は、三成の築いた「石田堤」の跡である。ほかにも堤跡の一部が忍城周辺に残っている。

江戸時代には幕府重臣が入封し城を大改修、城下町を整えていく。明治の廃城令で城内の建物は破却になるが、一九八八年（昭和六三）、行田市郷土博物館とともに御三階櫓《ごさんかい》が復元された。水堀に影を落とす御三階櫓の姿は美しい。城解体のとき民間に払い下げられ、のち城址に寄贈された高麗門《こうらいもん》、本丸土塁の一部、道路を挟んだ北西側の諏訪《すわ》曲輪跡に、往時の忍城の姿を偲ぶことができる。（埼玉県指定旧跡）

アクセス　ＪＲ高崎線吹上駅から朝日バス「忍城」下車／秩父鉄道行田市駅から徒歩一五分

コラム　観光天守はなぜ造られるのか

そびえる天守は見る者を魅了する。仰ぎ見て城の栄光の日々を思う。その城の象徴として賛美する。そして荒城に哀愁を覚える。

天守はそもそも望楼や防御の役目を果たす軍事施設であった。城外を遠望、敵の侵攻を察知、城内の人員や建物を見渡し、また武器弾薬などの置き場とされた。そのためだけなら頑丈な物見櫓を築けばいい。だが、それればかりではなく、権威を示す象徴として、城主は設計、装飾、資材、人力に膨大な財を投じて築きあげた。それゆえにこそ現代人の美意識をも刺激するのであろう。

城の象徴である天守は織田信長に始まったとされ、関ヶ原の戦いから大坂夏の陣のあいだに盛んに築かれたが、以後減少する。平和な時代となり権威のシンボルや防衛拠点の役割は薄くなった。さらに江戸幕府の一国一城令による破却、武家諸法度による築城や増改築の禁止、災害での焼失、倒壊などで再建されなかったためである。

さらに幕末から明治にかけての戦乱、明治政府の廃城令による破却・撤去、天災や第二次世

富山城模擬天守。鉄筋コンクリート造りの天守と小天守は戦後の天守復興のさきがけとなった

界大戦の空襲で多くが失われた。「天守閣」という呼び方は江戸後期以降からの俗称で、学術・歴史用語では「天守」が用いられる。

　こうした経緯を経て、現存するものは一二天守であるが、これらは必ずしも創建当時のままではなく、修復や改築、再建を経ている。

　明治以降、城郭は建築されなかったが「天守に似せた建物」や、旧城の天守が再建された。昭和以降は、地域振興の目的で天守が再建されるようになる。とりわけ第二次大戦後の復興期（昭和三〇年代ごろ）から、以前どおりの天守の復元や、規模・意匠を改変した復興などが盛んになった。焼け野原から立ち直っていく心の支えでもあったのだろう。

　一九九四年（平成六）、岡山城を取材したときのことだ。戦時中を思いだし、「空襲で天守が紅蓮《ぐれん》の炎に包まれていった。天守の下の旭川を真っ赤に染めて。天守の流す血の色に思えた」と涙ぐむ古老の声の震えは忘れられない。一九六六年(昭和四一)、岡山城の天守は鉄筋コンクリートで再建されたが、旭川沿いの天守台の野面積石垣が上部の重さで膨らんできているという。

再建される天守の形状は古写真や絵図、伝説などに基づくのだが、鉄筋コンクリートで建設する際に、既存の天守台の一部を壊したり、石垣を積み替えたり、石垣石のあいだにコンクリートを詰めたりしたため、歴史遺構の破壊が問題となった。

とりわけ史実に反する「模擬天守」(洲本城《すもとじょう》、富山城、郡上八幡城《ぐじょうはちまんじょう》、伊賀上野城《いがうえのじょう》、伏見城)などが歴史家や城郭ファンに批判されることとなる。時代考証を無視し誤解を与える、城址の学術調査を阻むなどの理由による。

天守に似せたテーマパーク、観光施設、役所などの公共施設、博物館、資料館、はては個人住宅や店舗など、旅をしていればいたる場所で見受けられる。たしかに、「見栄えで造られたのだな」「これはニセモノだ」「粗製乱造だ」と眉をひそめたくなるものもある。挙げればキリがない。

それでも、ときに寛容にもなる。役所はこの町に大きな城があったと住民に認識してほしいのだろう、博物館や資料館は無味乾燥なコンクリート建物でなく、城郭の雰囲気を伝えたいのだろう、城を模した店はそれなりの自己主張があるのだろうと。

だが上信地方を取材していて、高速道路からなんの変哲もない丘の上に天守風建物を見たとき、何の城址なのか真剣に調べ、地主さんの好みであるらしいと分かり笑ってしまった。

平成期には建築技術の向上もあって、コンクリート造りは減り、文化財としての史跡については文化庁の復元方針の厳格化にともなって「木造による忠実な復元」が原則となった。一方で、建築基準法は大規模な木造建築を禁じており、白河小峰城《しらかわこみねじょう》（福島県）の木造復元天守（三重櫓）は、完成後、見学者の参観が可能になるまで期間を要した。

第五章　古城の風格をいまに伝える名城

本州最北の名城

弘前城

本丸御殿や武芸所を残し破却

三月初め、弘前城址《じょうし》は深い雪に埋もれていた。堀の水は凍《い》て固まり、木々の枝先が氷上に淡い影を落とし、野面積《のづらづみ》や打込接《うちこみはぎ》の素朴な石垣は、まだらに雪の衣装をまとっていた。それでも訪問者は絶えない。肩を寄せ、ぬくもりを分かち合う若者たち。熟年のウォーカー、あるいは思い思いにカメラを構え、冬ならではの絶景をねらうフォトマニアたちだ。

弘前城《ひろさきじょう》の魅力は、なんといっても、華やぎを削《そ》ぎ落とした侘《わ》びのたたずまいにある。追手《おうて》門《もん》、南内門《みなみうちもん》など五つの門は、いずれも土塁で囲んだ枡形《ますがた》を備えた二層の櫓門《やぐらもん》で、質朴な戦国時代の形式を受け継ぐ。すべて開門され、城址の出入口として利用されているので、色褪《あ》せた木肌の風情を存分に味わうことができる。

物見と攻撃の砦《とりで》である隅櫓《すみやぐら》は三基とも三層で、古来の様式を伝えており、軒下や出格子《でごうし》の素木《しらき》造りが白漆喰《しろしっくい》塗りの壁面になじみ、簡素で美しい。後世の修復はあるが、江戸初期のもの

下乗橋から望む弘前城天守（曳屋前）。400tの天守を曳屋したという事実に圧倒される

とされる。隅櫓は城址の小高い位置に建つ。本来は防御の要所だったことを、よく示している。いまでは木立に包まれ、さりげない姿がゆかしい。

弘前城は津軽《つがる》氏一〇万石の居城だった。東に土淵川《つちぶちがわ》、西に岩木川《いわきがわ》、西から南にかけて急峻《きゅうしゅん》な崖《がけ》を持つ台地に築かれた平山城である。南部《なんぶ》氏庶流の大浦《おおうら》（津軽）為信《ためのぶ》が津軽統一を果たし、一六〇三年（慶長八）、この地に築城を計画。一六一一年（慶長一六）、二代信枚《のぶひら》のとき、ほぼ完成した。五層の天守を備えていたが、一六二七年（寛永四）、落雷で焼失する。現在の三層の天守は、江戸時代後期の建造で、隅櫓の名目で築き、御三階《ごさんかい》と呼ばれていた。

二〇一五年（平成二七）、石垣修復のため、高

本丸跡から見た岩木山。津軽の人びとの深い信仰を集めた

さ一四・四m、総重量四〇〇tの天守を本丸内側にそっくり移動する「曳屋《ひきや》」が行われた。天守をみじんも傷つけずに七〇m動かす困難な作業は、職人の周到な準備と技によって成功、報道番組などで広く紹介された。石垣の修理工事は一〇年間におよぶ予定だという。

総面積四九・二haという広大な弘前城址は、海抜五〇mの本丸をとりまいて、二の丸、三の丸、西の郭《くるわ》、北の郭、四の丸からなり、三重の水堀や石垣とともに、築城形態のほぼ全貌《ぜんぼう》を残す貴重な遺構である。維新後、本丸御殿や武芸所などが破却されたが、三つの櫓と五つの門は古式をそのままに保存され、天守とともに重要文化財となっている。

花どきの城址の美しさ

訪れたのは天守の曳屋が実施される前だった。朱塗りの下乗橋《げじょうばし》（武者屯御門橋《むしゃだまりごもんばし》）から見る天守は、弘前城のビューポイントだ。天守と下乗橋、そしてどっさり積もった雪、絶妙のコントラストにしばし歩みを止める。司馬遼太郎が「日本七名城の一つ」と絶賛したのも納得できる。そのまま天守脇を進むと、雪化粧の岩木山が眼前に姿をあらわした。津軽の人びとがこよなく愛し自慢する風景だ。

弘前公園は全国屈指の桜の名所として知られる。日本最古のソメイヨシノをはじめ二六〇〇本あまりが四月下旬に爛漫《らんまん》の季節を迎える。城址を歩いていると、しだれ桜が多いのに気づく。本丸の南東隅のしだれ桜「御滝桜《おたきざくら》」はもとより、城址を埋めつくす花どきの美しさは、いかばかりかと夢想する。

帰路、北門を出て、観光施設「津軽藩ねぷた村」に立ち寄った。ねぷた囃子《ばやし》や津軽三味線が出迎えてくれる。弘前では「津軽衆の血は年に二度爆発する」といわれる。梅、桜、桃、りんごの花までがいっせいに咲きそろう春と、夏のねぷた祭りのときだという。（国指定重要文化財）

アクセス　ＪＲ弘前駅から弘南バスで一五分「市役所前公園入口」下車、徒歩一分／東北道大鰐弘前ＩＣから二〇分

天守は戦国期の貴重な遺構

丸岡城

日本最古、現存する一二天守の一つ

福井県坂井市の丸岡城《まるおかじよう》には、四二〇年余の風雪に耐えた日本最古の天守が建つ。現存する一二天守のうちの一つで、古色をたたえる姿は城郭ファンに人気が高い。野面積の石垣、素朴な板張りの壁、手斧《ちような》の跡も荒々しい掘立柱《ほつたてばしら》と梁《はり》。小規模な天守でありながら力感にあふれ、戦国武将の威風をいまに伝える。

小高い丘の上に建つ丸岡城、木々のあいだに見え隠れする天守は外観二層、内部三階、高さ一二・六mと小さい。初層の入母屋《いりもや》屋根の上に望楼を載せたような形式は、天守の初期形態を示すといわれる。

天守の入口で切符を切っていた熟年の男性は、四〇〇本の桜に彩られるころや雪景色の幻想的な美しさ、笏谷石《しやくだにいし》（福井市足羽山《あすわやま》や一乗谷《いちじようだに》付近で採石される）で葺《ふ》かれた甍《いらか》の雨に濡れた青さ、明治期に競売にかけられ城下に移築されてしまった門のことなどを熱く語ってくれた。天守下にある井戸「雲の井」のあたりの石垣は、地震でも崩れなかったという。

城址は霞ヶ城《かすみがじょう》（丸岡城の別名）公園として整備され、城の伝説についての案内板には、柴田《しばた》勝豊《かつとよ》が築城するとき、息子の出世を約束に人柱となった女性の悲話、「雲の井」から大蛇があらわれて城を霞で隠し敵襲の危機から救ったことなどが書かれ、古城ならではの説話に興味はつきない。

古材を活用して再建されたため、築城時の手斧跡や野面積の石垣がいまも残る

　高さ約六ｍの石垣の上に建つ天守へは、東面に設けられた入口から入城する。二階、三階への階段は急勾配でロープに頼らないと昇り降りできないほどだが、武将たちは重い鎧《よろい》兜《かぶと》や武具を身にまとい、なんなく、ここを駆け登ったのだ。

望楼からは霊峰白山《はくさん》と、それに連なる山々や丘陵、豊かな実りを約束する水田地帯が眺められる。

築城時の手斧跡や野面積の石垣が残る

丸岡城は一五七六年（天正四）、柴田勝家《かついえ》の甥《おい》で養子の勝豊が築城した平山城。天守は戦国期の貴重な遺構として国宝（旧）に指定されていたが、一九四八年（昭和二三）の福井大地震で倒壊した。わずかに三階の屋根が原形をとどめるのみであったが重要文化財の指定を受け、一九五五年（昭和三〇）、古材を活用して再建された。

そのため築城時の手斧跡や野面積の石垣に、いまも触れることができる。かつては広い五角形の内堀に囲まれ、本丸の丘には天守のほか本丸御殿、櫓などがあり、二の丸は本丸の北と西に築かれ、北の曲輪に政務を行う表御殿が建っていた。

勝豊が長浜城《ながはまじょう》に移ったのち四代を経て、一六一三年（慶長一八）、北庄藩《きたのしょうはん》付家老本多成重《ほんだなりしげ》が丸岡藩主となった。「日本一短い手紙」ゆかりの人物である。

一筆啓上　火の用心
お仙泣かすな　馬肥やせ

この書簡は成重の父本多作左衛門重次《しげつぐ》が陣中から妻に送ったもので、簡潔な手紙として名高い。「お仙《せん》」とは重次の嫡男仙千代、幼い日の成重のことである。

二〇一五年（平成二七）、「一筆啓上日本一短い手紙の館」がオープン、現在も短い手紙のコンクールが行われている。（天守　国指定重要文化財）

アクセス　JR北陸本線福井駅から京福バスで約三五分「丸岡城」下車すぐ／JR北陸本線芦原温泉駅から京福バスで二〇分「城入口」下車、徒歩二分

唯一現存する山城の天守

備中松山城

城主が本丸に上がるのは一生のうち数度

「天空の城」として近年人気を呼んでいる竹田城《たけだじょう》(兵庫県)、備中松山城《びっちゅうまつやまじょう》(岡山県)、越前大野城《えちぜんおおのじょう》(福井県)。圧巻はなんといっても備中松山城といえよう。この城だけが創建時の天守を残しているのだ。現存する唯一の山城の天守である。

全国に天守の残る城は一二あり、その一つである。備中松山城の本丸は日本一高い場所、臥牛山《がぎゅうざん》の頂に近い標高四八〇m、麓《ふもと》からの標高差は三五〇mの峻険《しゅんけん》な地に建ち、山全体を城域としている。

登城には急な坂道を一時間近くかけて登らなければならず、山麓に御寝小屋《おねごや》が築かれ、政治や生活の場として利用された。城主でさえ、本丸まで上がるのは一生のうち数度であったという。

城へは御寝小屋近くに登山口のある「臥牛山自然遊歩道」から登頂する。初冬の落ち葉の道

峻険な地に建ち、戦国武将の激しい争奪戦と風雪に耐えた備中松山城。山霧は動乱の歳月を幻想のベールに包みこむ

は風情たっぷりだが、坂は結構つらい。途中から石段になり、ふいご峠はまだかと焦《じ》れたころ、下太鼓丸《しもたいこまる》跡近くで「大石内蔵助《くらのすけ》腰掛け石」に出合った。一六九四年（元禄七）春、備中松山城城主水谷《みずのや》氏に嗣子がなく、お家断絶になり、播磨赤穂《はりまあこう》藩が城を預かることになった。大石は主《あるじ》・浅野内匠頭長矩《あさのたくみのかみながのり》の代理として城を受け取り、城番として滞在、その後、城主には幕府譜代大名が配置された。内匠頭の江戸城中刃傷《にんじょう》事件は、備中松山城預かりの七年後の春であった。

　ふいご峠までの登りは小一時間、峠には駐車場もあってバスや車で登って来られる。ここから本丸までは歩きで二〇分ほどだ。中《なか》太鼓櫓跡から、きらきらと陽《ひ》を浴びる高梁川《たかはしがわ》や市街地が一望できる。急な石段が続く。天守は遠くないはずなのに見えない。ついに大手口があらわれる。枡形門を囲む石垣の壮大なこと、右手には荒々しく剝《む》きだす岩盤上に石垣が築かれ、迫力、威圧感はたとえようもない。

三の丸へのゆく手を阻む折り重なる石垣、土塀には狭間《さま》が切られ、厳重な防御のさまを見せつける。なおも複雑に入り組む石垣をぬって二の丸へ。天守が見えた。この感動は、登山口から登ってこそだ。

古建築の美を堪能できる石垣

本丸から仰ぐ天守は重厚かつ美しい。碧空《へきくう》に映える鯱《しゃち》、白い漆喰の唐破風《からはふ》と出格子窓、黒塗りの板腰のコントラストが目を射る。一六八一年（天和元）から城主水谷氏によって三年がかりで修築されたという。二層二重で高さはおよそ一一m、岩盤を削りだし石垣を積んだ天守台を含めても一九mと、現存天守のなかではもっとも小さい。

天守内部の床、柱の木材は昔のままだ。籠城に備えた囲炉裏《いろり》や城主の籠《こ》もる一〇畳ほどの板敷きの「装束の間」が天守構造としては珍しい。石落《いしおとし》や狭間も設けられている。天守の最上階から望む深い山並みは、攻めるに過酷《かこく》な天険の山城であることを告げる。

天守後方の二重櫓まで足を伸ばそう。削った岩盤の上に築いた石垣が櫓台になっている。平成の修復工事で復旧された石垣は野面積の素朴さを失っていない。板腰、白漆喰壁、瓦屋根の色褪せた風合いが、古建築の美を堪能させてくれる。

岩盤の尾根に屹立《きつりつ》する天守が雲海に包まれるのは、秋から春の早朝が多い。松山城から直線で一・五㎞ほど離れた尾根の展望台に薄明から陣取る。絶好の機会に恵まれたようだ。敷き詰める雲のはざまに天守と二重櫓が頭をのぞかせ、遠い尾根は折り重なってシルエットを描く。やがて雲が動きはじめる。ご来光といっていい。太陽が天守の屋根瓦や白漆喰の壁、石垣を染めあげ、たたずむ者に至福の時を授ける。幻想、夢、神秘、いくら言葉をならべても、言いあらわしきれない。

備中は岡山県の西半分をいう。鎌倉初期、ここに砦が築かれ、戦国動乱の時代は幾多の合戦が繰り広げられ、幕末の激動にも巻きこまれた。時代の荒波と、山上に吹きすさぶ風雪に、この城はよくも耐え抜いたものだと、感嘆の溜《た》め息さえもれる。天守、二重櫓、空堀、石垣、雁木坂など、往時の遺構は在りし日を幻影のように映しだし、お城ファンを筆舌につくしがたい感懐に包んでやまない。（国指定重要文化財）

アクセス　ＪＲ伯備線備中高梁駅から市内循環バスで一〇分「松山城登山口」下車、天守まで徒歩一時間／備中高梁駅からふいご峠までタクシーで一〇分、ふいご峠から天守まで徒歩二〇分／岡山自動車道賀陽ＩＣから車で二〇分、下車後徒歩二〇分／土、日、祝祭日には城見橋公園～ふいご峠間のシャトルバス運行

第六章　北の砦《とりで》チャシ、南の城グスクの歴史

アイヌにとっての砦チャシ

北海道の道東、道南を中心に点在するチャシ探訪の人気が高まっている。川、湖沼、海を望む丘の上に、わずかな痕跡《こんせき》を残すばかりだからこそ、悠久の時を語り、人びとを魅了してやまない。

チャシとはアイヌ語で「柵《さく》」とか「柵囲い」を意味する。アイヌ文化のなかで重要な位置を占めるとされるが、文献資料がないため詳しいことは分かっていない。聖域、見張り番所、狩猟や漁労の祭祀《さいし》場、集会の場、そして城郭へと用途は展開したが、地域や立地、造られた時期などによって、その性格は異なる。やがて戦の砦として使われるように変化していった。

アイヌ民族の土地であった北海道にチャシが盛んに造られたのは、主に一六世紀から一八世紀ごろで、居館を構え、その周囲には防御のための空堀や土塁を築いた。アイヌの人びとに紛争が絶えない時代だったと察しがつく。これを証明するように、チャシのなかには馬出《うまだし》、虎口《こぐち》、横矢掛かりなど防御や攻撃の構造を持つなど、道外の中世山城と似た堅固なものも見られる。争いの相手は和人だった。

モシリヤ砦跡。アイヌの首長トミカラアヤノが築城。内郭、外郭、空堀、土塁などが残る

チャシ跡は根室《ねむろ》、釧路《くしろ》、十勝《とかち》、日高《ひだか》地方に集中しており、この一帯はアイヌ民族の首長シャクシャインの勢力圏と一致しているので、シャクシャインらが和人と戦うなかで築かれたと推測されている。草原の果て、オホーツク海を望む崖《がけ》上のチャシ跡にたたずむと、アイヌ民族の生き残りをかけた雄々しい戦い、和人に併合されていった無念の歴史が去来する。こののちも現代史にいたるまで、アイヌ民族への圧迫は続くのである。

道内には五〇〇以上ものチャシ跡が認められ、標柱の立っているものもあるが、多くは岬の突端に草や灌木《かんぼく》に覆われた盛り土跡を残すだけだ。

アイヌの人びとが祈りをささげた聖地

シベチャリチャシ

蜂起したアイヌの砦

一六六九年（寛文九）六月、シベチャリ（現・日高地方）の首長シャクシャインを中心として、蝦夷地《えぞち》全域でアイヌ民族が武力蜂起した。松前藩《まつまえはん》がアイヌ民族の和人相手の交易を制限し、交易権を独占したことに強硬に反対して立ちあがったのである。

松前藩の記録によると、江戸時代初期、アイヌの人びとは一〇〇隻近い舟に交易品の鷲《わし》の羽根やラッコの毛皮を積んで、松前と領地を行き来していたという。

抗争は長引き、双方に多くの犠牲者を出した。松前藩は交易の断絶や幕府の処罰をおそれ、一一月、シャクシャインや他の首長たちに和睦《わぼく》を申し入れ、これに応じて松前を訪れたシャクシャインらアイヌの首長たちを謀殺してしまった。指導者を失ったチャシは陥落、強い自立性を持って地域をまとめていたアイヌ民族の、政治的な結びつきも解体されていった。

シャクシャインの戦いのもっとも強固な砦シベチャリチャシ（日高郡新ひだか町）は、太平洋に面した静内川《しずないがわ》左岸の丘陵突端部に築かれている。規模はおよそ東西一一〇m、南北一一〇mとされるが、現在はその三分の一ほどが真歌《まうた》公園の敷地内となっており、灌木に覆われた堀跡が残っている。公園にはシャクシャインの像や、「シャクシャイン記念館」「アイヌ民族資料館」が建ち、北の大地に独自の文化を誇ったアイヌ民族の繁栄を伝え、深く印象に刻まれる。

内浦湾に沈む夕日、星屑《ほしくず》をちりばめたような夜景は、ことのほか美しい。ここに立てば、アイヌの人びとが、太陽に、星に、見はるかす大海原に祈りをささげた聖地であることがよく分かる。（シベチャリ川流域のチャシ跡群　国指定史跡）

アクセス　ＪＲ日高本線静内駅から車で一〇分

霧に包まれた戦いの拠点

ヲンネモトチャシ

形のいいチャシ跡

根室市には三二カ所のチャシが確認され、そのうち二四カ所が国の指定史跡である。一部は一七八九年（寛政元）のアイヌ民族と和人の戦い、クナシリ・メナシの戦いに関連があるとされる。クナシリやメナシ地区のアイヌの人びとが、和人商人の商取引や労働環境に不満を持って蜂起したが、松前藩によって鎮定され、蝦夷地は幕府領となり、アイヌ民族は和人の経済体制に組みこまれていくこととなった。

ヲンネモトチャシ（根室市温根元）は温根元《おんねもと》湾の西岸に張りだした岬の上に築かれ、コの字形や半円形の壕《ほり》（堀）に囲まれた盛り土の頂上に、平らな場所が二カ所見られる。温根元漁港から眺めると「お供え餅」のように見え、形の良好なチャシ跡として人気がある。

チャシを訪ねるには、雪解けを待って草原の芽吹く春から夏の旅にかぎる。ただし、この季節は霧に包まれることが多い。

秋から冬にかけては晴天に恵まれる。紺青のオホーツク海に浮かぶ歯舞《はぼまい》群島や国後島《くなしりとう》が、すぐ目の前に見える。アイヌの人びとは丸木舟の両舷に板をくくりつけた外洋航海舟「イタオマチプ」をあやつって、交易品として貴重なラッコを手に入れるため海を越えていたのだという。

（根室半島チャシ跡群　国指定史跡）

アクセス　ＪＲ根室本線根室駅から根室交通バスで三五分「納沙布岬」下車、温根元漁港方面に徒歩約二〇分

海上交易で栄えた琉球《りゅうきゅう》国王の居城

首里城

沖縄戦で崩壊

中国、ヤマト（日本）、朝鮮、東南アジア諸国との交易船が往来し、独自の文化を花開かせた南海の王国「琉球」。海外貿易の拠点であった那覇港を見下ろす首里の高台に首里城《しゅりじょう》は築かれた。かつて、その正殿《せいでん》には、世界の架け橋を意味する「万国津梁の鐘《ばんこくしんりょうのかね》」がかけられていた。

道の端《はし》の亜熱帯の花々に迎えられ守礼門《しゅれいもん》をくぐれば、目の前が首里城。ここに足を踏み入れただけで、ヤマトとは異なる「琉球」の文化、亜熱帯の空気に圧倒されてしまう。近づくにつれて、高い城壁が視界をさえぎる。石獅子《いしじし》が守るアーチ型の歓会門《かんかいもん》をくぐり石畳を登っていくと瑞泉門《ずいせんもん》になる。門前にこんこんと湧《わ》く清水「瑞泉」は、国王一族の貴重な飲料水源であった。こんな高台にも泉が湧くことに驚く。

左へ曲がるとすぐ、時を計った漏刻門《ろうこくもん》、門内には廃藩置県まで王国の時を刻み続けた日影台《にちえいだい》（日時計）がある。首里城への入館券売所がある広福門《こうふくもん》を抜け、木造の朱塗りの奉神門《ほうしんもん》を入ると、

琉球統一王朝の王城。波打つ壁がよく分かる。沖縄戦で破壊され、1992年復元

いよいよ御庭《うーなー》、正面に華麗な正殿がそびえる。唐破風《からふぁーふー》には火焰宝珠《かえんほうじゅ》（太陽《てぃだ》）を中心に金龍が躍り、石造《せきぞう》基壇《きだん》、真紅の板壁、大屋根を飾る巨大な龍、屋根の赤瓦葺《あかかわらぶき》など、極彩色の王城は、中国と日本の建築様式が融合した独特な雰囲気をかもしだす。

正殿内も見学できる。正殿一階に置かれた玉座では、王が拝謁を受けたり、儀式に臨んだりした。背後の障子戸の奥に王専用の階段があり、二階では王家の催事が行われ、王妃や女官らが利用する場所や祭祀の場所が設けられていた。

御庭の北側は中国皇帝の使者冊封使《さっぽうし》を歓待した中国風の北殿《ほくでん》、南側は純和風の南殿《なんでん》、ここでは薩摩《さつま》の役人たちをもてなした。

正殿を出て右掖門《うえきもん》から帰路につく。城外に通じる久慶門《きゅうけいもん》を出て周囲に目をやれば、屏風《びょうぶ》のようにそびえる城壁に圧倒される。琉球石灰岩を用い、石を四角く切った布積《ぬのづみ》の石垣だ。威圧感がやわらげられるのは、沖縄のグスクの特徴であるゆるやかなカーブを描いているからだろうか。カーブは強い風を受け流すためとか敵に横矢を掛けるため、または崩れにくい構造だからだなどといわれるが詳細な理由は分かっていない。

沖縄では首里城を「首里城《すいぐすく》」と読む。城をグスクというのは琉球王国時代からの習いである。石積による築城技術は一四世紀ごろ大陸から伝わり、一五世紀半ばごろにもっとも栄え、完成の域に達した。安土城など本土の石垣の城は一六世紀の半ば過ぎだから、それよりずっと早い。だが、グスクについての文献はなく、第二次大戦末期の沖縄戦での破壊などもあって遺跡も少ない。

首里城は四七四年におよぶ琉球統一王朝の王城で、二五人の王がここに君臨した。創建は一四二〇年（応永二七）代、尚巴志《しょうはし》王による築城といわれる。のち後継争いで首里城は炎上。尚《しょう》泰久《たいきゅう》王が王位を継ぎ、中国・日本の様式を取り入れた壮麗な城を再建。護佐丸《ごさまる》・阿摩和利《あまわり》の乱を収めて、京の相国寺《しょうこくじ》に命じて万国津梁の鐘を鋳造した。

一六〇九年（慶長一四）、琉球は中国の冊封（中国の皇帝と君臣関係を結び統治を認められる）体制下にありながら薩摩の支配下に入った。一八七九年（明治一二）、沖縄県の設置にいたる「琉球処分」によって、琉球王国は終焉《しゅうえん》、首里城は荒廃していく。王のいない城は戦前まで残っていたが、第二次大戦末期の一九四五年（昭和二〇）五月、三日間にわたりアメリカ軍の砲撃を受け、城も城下も瓦礫《がれき》の山と化した。

首里城が復元され、一般公開されたのは、四七年後の一九九二年（平成四）である。二〇〇〇年（平成一二）、他のグスク群とともに首里城跡と、守礼門の東側にあって首里城を守る園比屋武御嶽石門《そのひやんうたきいしもん》、第二尚氏の歴代王の墓所である玉陵《たまうどうん》、拝所である斎場御嶽《せいふぁーうたき》（神が存在・来訪する場所）などが世界遺産に登録された。（国指定史跡）

アクセス　那覇空港から沖縄都市モノレール線（ゆいレール）首里城駅まで二七分、首里城駅から徒歩一五分、または首里城駅から路線バスで三分「首里城前」下車／同儀保駅から徒歩一〇分／那覇空港からバスで「首里城公園入口」まで、約四〇分

城壁ファンを魅了する沖縄屈指の名城

今帰仁城

三代にわたって山北王が支配

亜熱帯の沖縄には明るい原色がきらめく。どこまでも青い空、藍色の海原、サトウキビ畑を渡る風の匂いまでが心を奪う。どの国からも独立した「琉球王国」として刻んできた歴史や文化が、異国のかおりを漂わせるのだ。いまわしい戦争で、わが国で唯一の地上戦が繰り広げられ、命も文化遺産も破壊しつくされた。それでも、すべてが消滅したわけではない。いたるところに遺構や神話や伝説が息づいている。

沖縄本島の文明は南部からひらけていき、一二世紀にコメ作りが始まった。按司《あじ》と呼ばれる首長が各地に出現し砦を築いて対立、それまで砦は木製の柵だったが、一三世紀ごろには石積の城が一〇〇以上も造られていく。

一四世紀になると北部の開拓が進み、琉球には中山《ちゅうざん》・南山《なんざん》・北山《ほくざん》の三大勢力が割拠。本島北部は三代にわたる山北王が今帰仁城《なきじんぐすく》を本拠に支配する。一五世紀初め、中山の尚巴志《しょうはし》が首里城に拠点を構え南山、北山を制圧し琉球王朝を統一、北山今帰仁城の幕は閉じられた。
首里城、勝連城《かつれんじょう》、拝所《はいしょ》である斎場御嶽など、グスク跡と関連遺産九カ所が世界遺産に登録されたのは二〇〇〇年（平成一二）一二月のことだった。那覇市から北へ八五㎞の本部《もとぶ》半島の北東部に位置し、標高一〇〇ｍの峻険《しゅんけん》の地に築かれた今帰仁城跡も、その一つだ。首里城に匹敵する規模を持ち、雄大な城壁群がよく残っていて、沖縄屈指の名城の一つとされる。

まず目に飛びこむのは琉球石灰岩が白く陽《ひ》に映える石垣。高さは八ｍ、今帰仁城址《じょうし》でもっとも高い堅牢《けんろう》な石垣だ。優美な曲線構造に出合い、城壁ファンは曲線に沿ってめぐり歩き、手を触れ、カメラを向け、たちまち魅了されてしまう。

一月下旬、正門である平郎門《へいろうもん》からまっすぐに続く石段の道は、寒《かん》緋桜《ひざくら》の花のトンネルだ。沖縄では日本一早く桜が開花する。左手は大隅《うーしみ》といわれ、馬を養い、城兵を訓練した場所だという。スミレが足もとを彩る。石段を上がったところが大庭《うーみゃー》。祭祀の場である北殿《ほくでん》跡、女官部屋があったという御内原《うーちーばる》、自然石に囲まれた城内でもっとも神聖な場である拝所などがある。

その先、一段高い主郭（本丸）には、多くの礎石とともに、一七世紀に設置されたという火《ひぬん》神《かー》の祠《ほこら》、石灯籠《いしどうろう》が建つ。いまなお続く御嶽信仰の場で、今帰仁ノロ（女司祭）など神人《かみんちゅ》が祭祀を行う。

聞《き》こゑ　今帰仁《みやきぜん》
百曲《ももま》がり　積《つ》み上《あ》げて
珈玻羅寄《かはらよ》せ　御《お》ぐすく造《げら》へ
又鳴響《とよ》む　今帰仁《みやきせん》

（名高い今帰仁城は　曲折した城壁を積み上げて
玉のような石が寄せたグスクが造営され　名高く鳴り響く今帰仁城よ）

琉球古謡「おもろ」に、こう謡われた。発掘調査は現在も進められている。

城址からの眺望はすばらしい。うねうねと連なる総延長一五〇〇mの城壁や今帰仁村が一望できる場所、国頭《くにがみ》の山並みの向こうに伊平屋島《いへやじま》、伊是名島《いぜなじま》、与論島《よろんとう》まで見える場所、城壁の上を歩けるところもある。お気に入りの一角を探してみよう。観光ガイドさんが「二月になれば沖縄は夏ですからね」と断固として団体客に告げる声が聞こえた。（国指定史跡　世界遺産登録）

アクセス　本部から路線バスで「今帰仁城跡入口」下車、徒歩一五分／那覇空港から二時間四五分

中城城

高度な技術を見せる石垣

1853年那覇に寄港したアメリカのペリー提督は、中城城の石造建築を称賛した

沖縄有数の規模

中城城跡は本島中南部の中城湾を見下ろす標高一〇〇mの琉球石灰岩の台地に築かれている。一三世紀末ごろの城と推定され、一四四〇年ごろ、琉球第一の武将とたたえられた護佐丸が座喜《ざき》味城《みぐすく》から移って増築し防備を固めた。面積は約三二〇〇〇㎡という沖縄有数の規模を誇り、往時の遺構がよく残っている。

石垣は直方体に加工した「布積《ぬのづみ》」が中心で、高度な技術による五角形、六角形の石材をかみ合わせて積む「相方積《あいかたづみ》」、大小さまざまな石による「野面積《のづらづみ》」も見られる。

中城城《なかぐすくじょう》もまた沖縄屈指の名城といわれ、六つの郭《くるわ》がならぶ連郭式の構えを持つ。曲線を描いてそびえる三の郭の城壁、拱門《きょうもん》と呼ばれる石造りのアーチがエキゾチックで美しい。一の郭の南側は亜熱帯の樹木が生い茂り、紺碧《こんぺき》の海原を望む絶景が広がり、海底まで透きとおって見える。崩れた石垣のあいだには、鉄砲百合の白い花が群れ咲いており、一五世紀中ごろ、謀略に斃《たお》れたという城主を鎮魂するかのようであった。（国指定遺跡　世界遺産登録）

アクセス　那覇から普天間経由沖縄市方面行きバス「石平」で下車、タクシーで七分／沖縄自動車道北中城ＩＣから県道八一号線安谷屋交差点右折、県道一四六号線ですぐ

座喜味城

琉球石造建築の水準の高さを物語る

15世紀初頭の築城。松林の奥にアーチ門、曲線美を誇る城壁が忽然とあらわれる

多くの撮影ポイント

本島中部の読谷村《よみたんそん》にあり読谷山《よみたんざん》城ともいわれ、護佐丸が一五世紀初頭に築いた。標高一二〇m余の丘陵に立地し、高い所で一二～一三mあるという城壁、アーチ門（拱門）など、琉球石造建築の水準の高さを示す名城といわれる。護佐丸はやがて南寄りの中城城に移り、この城に居たのは一八年ほどという。

優雅なたたずまいの座喜味城《ざきみぐすく》城址には、一二月、一月の冬のさなかにもタンポポやスミレ、名を知らぬ小さい花々が咲く。異国情緒たっぷりのアーチ門をくぐると鮮やかな芝生の二の郭になり、城壁の石積も曲線もすばらしい。城址一帯は、しばしば雑誌やテレビの映像に使われている。城址の入口には読谷村立歴史民俗資料館があり、琉球の信仰、墓制、習俗を知ることができ、なかなか興味深い。

アクセス　沖縄・琉球バスで「座喜味」下車、徒歩一〇分／那覇から国道五八号線を恩納方面へ、国道一二号線へ左折直進、「座喜味」バス停右折

紛争の歴史を刻む

勝連城

勇壮な美

勝連城《かつれんぐすく》は本島中南部、東海岸の与勝《よかつ》半島の根元にある。かつては城跡の丘の麓まで車を進め、ごろごろと石くれのある斜面に駐車したが、この一帯は四《よん》の郭《くるわ》跡だった。世界遺産に登録されてからは保存・保護が進み、道路を挟んだ反対側に広い駐車場や休憩所ができた。ひなびた

カーブを描く登城路、そびえる石垣が力強く美しい。眼下にコバルトブルーの中城湾が広がる

城址だったころを懐かしんだりしては、貴重な遺構に対し失礼だろうか。

伝承では、一五世紀、悪政を強いる勝連の前城主を倒して按司となった幻の英雄・阿摩和利が逆賊の汚名を着せられ、彼の居城であるこの城で討ち取られたという。だが、紛争の歴史は時の彼方に去り、青く突き抜ける空のもと、四の郭跡から見る城跡へのスロープ、その先に立ちあがる郭の石垣は勇壮な城址の美を強烈に訴えかける。

阿摩和利は王位をねらった非道の者と悪評高いが、彼をたたえ、永遠の栄えを祈る「おもろ」がいくつか伝承されている。その一つに、こんな「おもろ」がある。

勝連《かつれん》の阿摩和利《あまわり》

聞《き》こゑ阿摩和利《あまわり》や
大国《ぢやくに》の　鳴響《とよ》み
胆高《きむたか》の阿摩和利《あまわり》
（勝連の阿摩和利　名高い阿摩和利よ　大国としてほまれ高く　霊力豊かな阿摩和利よ）

領土を富ませ、領民に慕われる按司だったのである。

一六世紀、地方按司たちは首里へ集居させられて城には番所が置かれ、グスク時代は終わった。「琉球王国」はヤマト（日本）と中国に属しながらも独立を保ち、海のシルクロード「万国津梁」の気概をこめて四七四年の歴史を刻み、一八七九年（明治一二）、明治政府の琉球処分によって終焉を迎える。（国指定史跡　世界遺産登録）

アクセス　那覇から路線バスで「西原」下車、徒歩一〇分／那覇からうるま市方面へ国道三二九号線を北上、県道七四号線を旧勝連町方面へ、那覇から七五分

コラム　高さ、美しさを競う「石垣」ベスト5

防御の備えと権威を誇って、より高く、より急勾配にと築かれた石垣。日本の城郭の防衛戦略に欠かせない要素の一つである。土台の安定性、敵を登らせないための扇の勾配。創意を凝らした石積、こうした複雑な構成を持つからこそ、石垣はファンを魅了する。巨城である江戸城、大坂城、名古屋城、姫路城の石垣は見逃せないが、ここでは除いておこう。

1　会津若松城《あいづわかまつじょう》（鶴ケ城《つるがじょう》）

天守台石垣が城内でもっとも古く、豊臣《とよとみ》政権下で城主となった蒲生氏郷《がもううじさと》が築いた。ここに七層の天守がそびえていた。自然石を組み合わせて積みあげた野面積が石垣ファンを惹《ひ》きつける。傾斜が緩やかで裾野が広く、江戸時代初期の会津盆地を震源とするマグニチュード六・九、震度六以上の地震にも、天守台は耐えた。

扇の勾配で堀から立ちあがる廊下橋脇の高石垣は江戸初期に築かれた。高さ二〇m、端正な布積が目をひく。太鼓門西面の石垣に組みこまれた七・五tといわれる遊女石、会津戦争のとき新政府軍を撃退した西出丸石垣と幅広い水堀、月見櫓周辺の鉢巻土居、芝土居なども見逃さないようにしよう。冬、雪をまとった石垣は、ことのほか清らかで美しい。

2 金沢城《かなざわじょう》

前田利家《まえだとしいえ》の入城後、数代にわたって石垣が築かれた金沢城。さまざまな種類の石垣が見られ「石垣の博物館」と呼ばれる。石垣ファンのために、城内の石垣めぐりコースが設定されている。壮大な二の丸北面石垣は、形や大きさをそろえた割石が積まれ、城内でも指折りの石垣である。利家の時代に積まれた東の丸北面石垣は自然石や粗割《あらわり》したただけの石をゆるい勾配で積みあげた力強い「野面積」。石川門の石垣は、右側は「切込接《きりこみはぎ》」、左側は「打込接《うちこみはぎ》」と、左右で違う積み方が珍しい。土橋門石垣の六角形の亀甲石は防火の願いが込められている。申酉櫓《さるとりやぐら》下や数寄屋敷《すきやしき》石垣には刻印が数多くほどこされているので、探して歩くのも楽しい。刻印は石を切りだすときの作業分担のために彫られたという。玉泉院丸《ぎょくせんいんまる》庭園に面したモダンアートのような石垣の美には溜《た》め息がもれ、どれほどたたずんでいても見飽きない。

3 伊賀上野城《いがうえのじょう》

築城の名手藤堂高虎《とうどうたかとら》が徳川家康《とくがわいえやす》の命で一六〇九年（慶長一四）に入城、城を大改修する。本丸南西の高石垣は打込接で、高さ二八mあまり、総延長二五二mの日本屈指の石垣。反りが少ないのが特徴。「大坂城の城塁よりもみごと」と当時ほめたたえられたという。家康が豊臣秀頼《ひでより》を討ち滅ぼした大坂の陣の前である。大坂城をしのぐ石垣の規模と構造は、それだけで大坂方を威圧したことだろう。

大天守と小天守の天守台は高虎の采配で築かれた。安定した形状で、復興天守を支える。現天守の東側の小高い丘に、高虎の前城主筒井定次《つついさだつぐ》が築いた「筒井古城本丸跡」がある。江戸時代には城代屋敷が置かれていた。石垣は自然石や粗割した石を積みあげた「野面積」が素朴で美しい。

4　丸亀城《まるがめじょう》

石垣の美で名高い丸亀城（香川県）。一五九七年（慶長二）、高松城の支城として着工。一国一城令で廃城になるが一六四二年（寛永一九）、再建が許可される。標高六六mの亀山の頂上に本丸を置き、螺旋《らせん》状の高い石垣が麓から山頂まで築かれる。石の要塞ともいえる城である。

三の丸の花崗岩の高石垣は、下部からゆるやかな曲線を描いてのびあがり、上端部で垂直になる優美な扇の勾配で、高さは約二一m。本丸まで築かれた三段を合わせると四〇m近くなる。古天守は一六六〇年（万治三）の建造。天守各層が上に向かって次第に減じていく率が大きいため、小さい天守ながら中空にそびえて見え、石垣との均衡がみごとである。

5 熊本城《くまもとじょう》

石垣、そしてまた石垣。石垣を縦横に張りめぐらせた「石垣の城」熊本城は、石造技術の粋を集めた美しさと軍事上の堅固さを兼ね備えた城である。折れ曲がる石垣間の通路は迷路のように入り組み、「清正公石垣《せいしょこいしがき》」と呼ばれる反り（扇の勾配・武者返し）のある高石垣とあいまって、ただただ目を奪われ、感嘆の溜め息がもれる。築城の名手である城主加藤清正《かとうきよまさ》が築いた最高傑作で、清正と、その家臣は、江戸時代から石垣の名人として知れ渡っていた。

東十八間櫓《ひがしじゅうはっけん》と北十八間櫓を支える高石垣は高さ二〇mもある。本丸南には建造時代の違う二つの様式の石垣が接している。下部がゆるやかで上部が垂直な穴太積《あのうづみ》の清正時代のものに、算木積《さんぎづみ》の隅石を用いた石垣造りを、のちの細川時代に追加したとみられる。

西南戦争で焼け落ちた天守は一九六〇年（昭和三五）に復元落成、大天守は石垣の上に大丸太を突きだし、一階部分は石垣よりも外側へ出っ張る。西南戦争で唯一焼け残った平左衛門丸《へいざえもんまる》北西隅の宇土《うど》櫓は、西側の空堀跡から眺めると、そびえ立つ石垣に圧倒される。

南側の長塀《ながべい》は、坪井川沿いに延長二四二mが残り、往時の面影をとどめる。芝土居に高さ六mの石垣、桟瓦《さんがわら》と黒の下見板《したみいた》に白壁のあざやかな対比が美しい。

二〇〇八年（平成二〇）、一三〇年ぶりに本丸御殿大広間が復元、「若松の間《ま》」「昭君《しょうくん》の間」には豪華な障壁画が描かれた。昭君の間は藩主の居間であったが、加藤清正が豊臣秀吉の遺児・秀頼を迎えるために築いたという言い伝えがあり、「将軍の間」の隠語であるともいう。

二〇一六年（平成二八）四月、「平成二八年熊本地震」によって、熊本城は城域各所に大きな被害を受け、人びとに衝撃を与えた。

復興までは数十億円の費用と膨大な歳月を要するといわれ、着々と寄金が集まりはじめている。被災した人びとと、熊本城の復興を祈るばかりである。

★番外として化石のみられる大垣城《おおがきじょう》（岐阜県）の石垣を挙げておこう。
大垣城石垣は美濃赤坂の金生山《きんしょうざん》から切りだされた。金生山は、約二億五〇〇〇万年前に赤道付近にできた海底火山が、プレートの移動によって運ばれたものという。古生物の堆積により石灰岩層を形成、天守台や東門付近の石垣に、ウミユリ（棘皮《きょくひ》動物の仲間）、フズリナ（紡錘虫《ぼうすいちゅう》）、ベレロフォン（巻貝の仲間）などの化石がみられ、化石を探してついつい童心に返る。学術上も貴重で研究者や学生がしばしば見学に訪れるという。

巻末資料　日本の「城」とは何か

こうして城は造られ、使われ、そして滅んでいった

古代　紀元前〜一二世紀

日本に城が発生するのは弥生時代にさかのぼる。田畑や作物を他者から守るための環濠《かんごう》集落が発生した。吉野ケ里《よしのがり》遺跡（佐賀県）のような環濠集落は、大小の差はあるが全国各地で見つかっている。

飛鳥《あすか》時代には高句麗《こうくり》・唐《とう》の来襲をおそれ、北九州や瀬戸内沿岸に大石で山頂を囲む「山城」が築かれた。山城とは、山の頂や山腹に築かれた城をいう。また、大宰府《だざいふ》を守るため、「水城《みずき》」と名づけた大規模な堤も築かれたが、平安前期までは争乱がなく、城はほとんど築かれて

いない。

奈良時代になると、「藤原京」「平城京」など、中国の長安《ちようあん》や洛陽《らくよう》をまねて、都市に城郭を築き、周囲を敵の攻撃や侵入を防ぐ砦《とりで》で囲む「都城」が国家によって築かれた。

また、奈良時代から平安時代前期ごろまで、東北地方の蝦夷《えみし》に対する守り、開拓と統治の拠点として、出羽柵《でわのき》、秋田城《あきたのき》などの城柵《じようさく》を丘陵上の平地に築いた。

中世　一三世紀〜一六世紀

●武士の台頭

平安時代も後期になると、武士階級が出現し、館《やかた》の周囲に堀や板垣をめぐらせた城らしい形が見られるようになるが、規模は砦ほどのものであった。

武家の政庁である幕府が置かれた鎌倉は、海岸に向かって平地が開けており、それを囲む丘陵を防御の砦とし、丘陵を切り開いて通した七つの道路だけを出入口とする城郭都市であった。有事のときの詰城《つめのしろ》（最後に籠《こ》もる最奥の城）として山城を築くが規模は小さい。元寇《げんこう》に備えて北九州の海岸に石造りの防塁が築かれ、いまもその一部が残っているが、石垣という構造が中世城郭に引き継がれることはなかった。

図1　山城とは

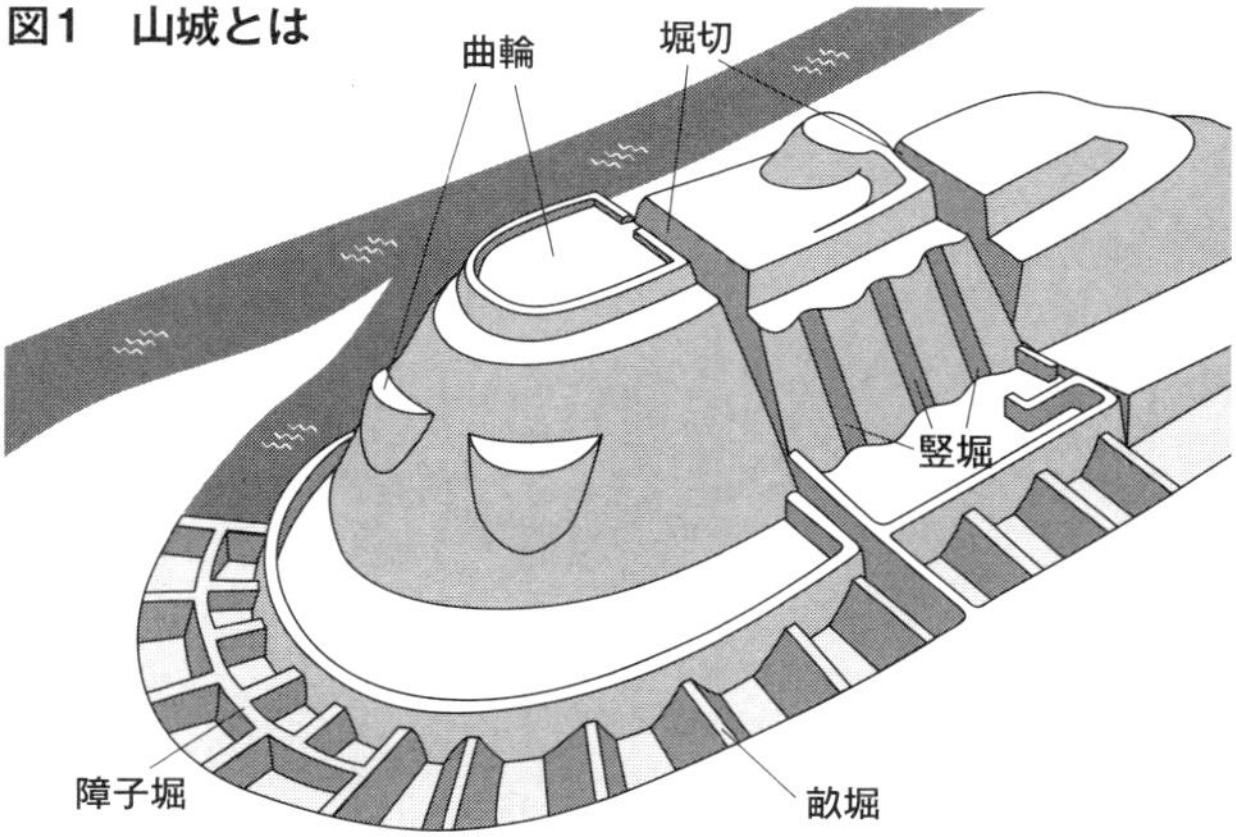

山城は敵の来襲をおそれて山上に築かれたため、水をためない空堀が造られた。堀切は尾根を横切って切断し、尾根筋からの敵の侵入を阻む。竪堀は山の斜面を縦に深く削り、横方向からの敵の移動を制限した。障子堀や畝堀は、多くは山裾の水堀の堀底に用いられ、人馬が堀底に足を取られて進めないようにし、敵の侵入を阻止した。

●南北朝の争乱から「中世城館」へ

武士の勢力争いが激しくなると、盛んに山城が築かれるようになった。尾根伝いに石や土で囲った小さい「曲輪《くるわ》」（敷地）を段々状に連ね、水のない「空堀《からぼり》」や土を盛りあげた「土塁」を配置。急《きゅう》峻《しゅん》な崖《がけ》（切岸）、曲輪と曲輪を仕切る「堀切《ほりきり》」、山の斜面を縦に深く削った「竪《たて》堀《ぼり》」が発達していく。

石垣は部分的に用いられ、建物は柱を直接地面に埋めて建てた「掘立柱《ほったてばしら》」の簡素なもので、山麓《さんろく》や平地に土塁や堀で防備した館を設け、山城とあわせて「中世城館」と呼ぶ。

●戦国大名の城「大規模な中世城郭」

このころになると、強大化した領主によって大規模な城郭が築かれ、攻防の拠点となる。城は山麓からの比高の高い山に築かれ、曲輪の数も一〇〇を超える城があらわれる。上杉《うえすぎ》氏の春日山城《かすがやまじょう》、北条《ほうじょう》氏の小田原城、浅井《あざい》氏の小谷城《おだにじょう》などである。壮大な空堀、斜面をえぐる竪堀、尾根を切断する堀切が設けられた。戦が恒常的になり、城主の居館も山城の内に構えられる。

一方、武田信玄《たけだしんげん》は、平地の躑躅ヶ崎館《つつじがさきやかた》に居住し、有事の際の山城を館の背後の山地に設けた。信玄の詠んだといわれる歌が『甲陽軍鑑《こうようぐんかん》』に伝えられる。

「人は城　人は石垣　人は堀　情けは味方　あだは敵なり」

人こそが国の基、攻防の砦だという信玄の信条をあらわしている。

ほかにも越前朝倉《あさくら》氏は平地の一乗谷館《いちじょうだにやかた》に居住し、周囲に多くの山城を配置していた。

近世　一六世紀〜一九世紀

いよいよ、広大な敷地に豪壮な館を構える近世城郭の出現である。室町時代末期の応仁の乱をきっかけに時代は戦国期に突入し、激しい勢力争いのさなか、権力を誇示する城郭を誕生させる。城は次第に改良されていき、一五七六年（天正四）、織田信長《おだのぶなが》が築いた安土城《あづちじょう》によって近世城郭の完成をみる。

●平山城、平城へ

広範囲に領土を手中に収め、大きな勢力を持つようになった戦国大名は、面積の乏しい中世の山城を出て、広大な「平山城」や「平城」を築き、居城するようになった。

信長初期の清洲城《きよすじょう》（愛知県）は平地に築かれた平城である。六角氏《ろっかく》の観音寺城《かんのんじじょう》（滋賀県）は中世城郭としては珍しく多くの石垣を持ち、松永久秀《まつながひさひで》の多聞山城《たもんやまじょう》（奈良県）は石垣上に横幅の長い棟を建てた多聞櫓《やぐら》を持ち、天守級の大きな櫓（武器蔵・望楼）を建造、信長はこれらを集約して華麗な近世城郭・安土城を完成させたのである。

安土城は石垣を多用し、城内に城主居館の御殿を建て、本丸に巨大な天主を上げるなど、城は行政の拠点であると同時に、権威の象徴となった。居城を中心に城下を区画して武士、商人、職人を住まわせる城下町を建設したのも信長が最初である。

●大規模な近世城郭へ

中世城郭から近世城郭へ移行する最大の要因は、織田・豊臣《とよとみ》政権による天下統一にあった。

図2　城の種類

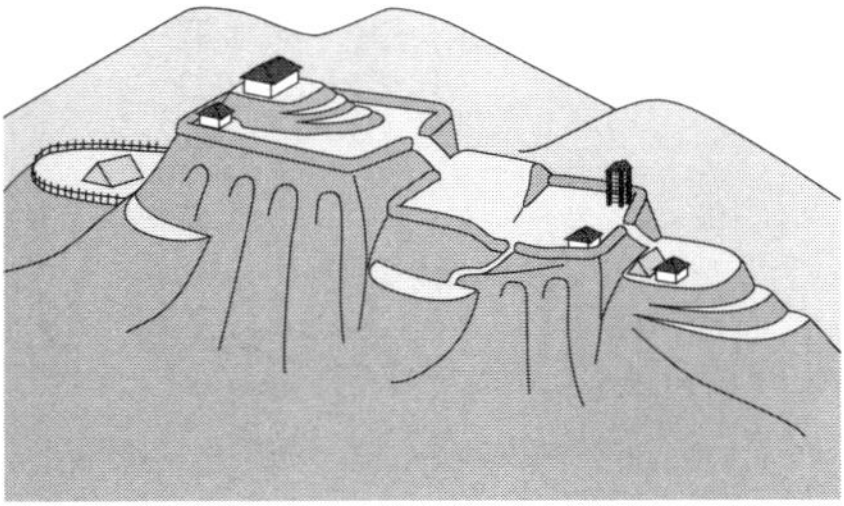

◀**山城**

山の頂や山腹に築かれた初期の城で、戦国時代以前から戦国時代に多く造られた中世の城をいう。山上に防御施設として簡易な建物を建て、麓に居館を設けた。

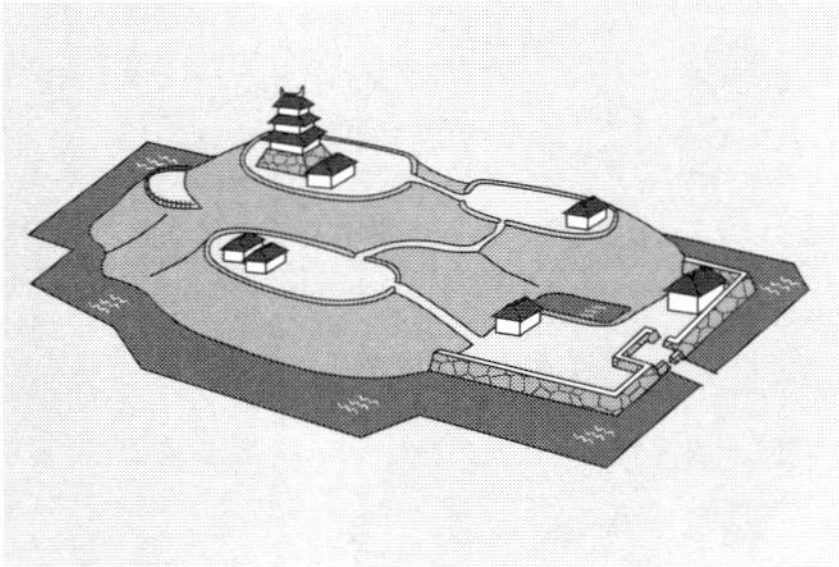

◀**平山城**

戦国末期から小高い丘を中心に築かれた近世城郭。防御と政庁の役割をあわせ持ち、領国支配の中心とした。居住のための曲輪も設けた。

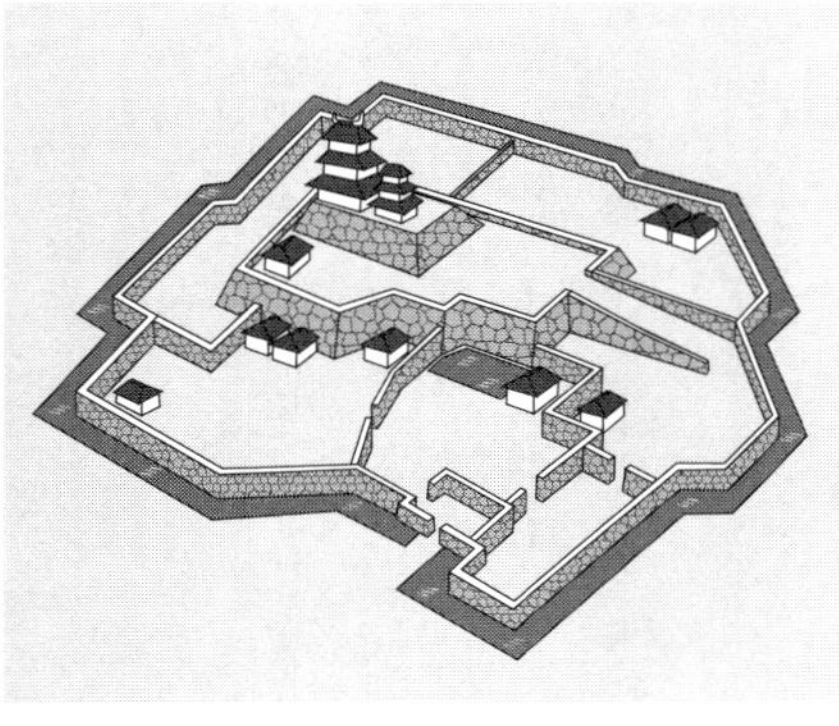

◀**平城**

面積の乏しい山城を出て、領地支配のため街道や水運の要所に近い平地に、防御施設、政庁、居館、重臣の屋敷などを置く広大な城を築いた。

中小領主を強大な権力下に統合した大名が、大規模な城を築くようになっていく。

もう一つの要因は鉄砲の普及である。土塀や櫓の土壁が防弾のために分厚くなり、鉄砲を射かける窓「鉄砲狭間《さま》」や、床を張りだして石を投げ落とす開口部の「石落《いしおとし》」が考案され、そびえる「高《たか》石垣」、鉄砲の弾が城内に届かないよう水堀の幅を広くし、外堀、中堀、内堀などを何重にも設ける。侵入した人馬が堀底に足を取られて進めないよう障子の桟のように畝《うね》を掘った「障子堀《しょうじぼり》」、敵勢が直進するのを阻む鉤《かぎ》型の出入口である「枡形虎口《ますがたこぐち》」、曲がりくねった複雑な登城道、門前に丸型や角型の土手で囲って築いた攻撃力の強い馬出《うまだし》も工夫された。これらの縄張を備えた城を近世城郭という。

近世城郭は全国に広がり、安土城をしのぐ規模の大坂城をはじめ、聚楽第《じゅらくてい》（京都府）、大和《やまと》郡山城《こおりやまじょう》、広島城、岡山城、会津若松城《あいづわかまつじょう》など、近世を代表する大城郭が出来あがる。だが、これらが築かれたのは天下統一後であり、実戦で防御の効力を実証する機会はほとんどなかった。戦を経験するのは、関ヶ原の戦いに先立って戦闘に直面した伏見城《ふしみじょう》、大津城《おおつじょう》（滋賀県）、津城《つじょう》（三重県）、上田城《うえだじょう》などで、大軍の攻撃に対し数少ない城兵で戦い、上田城を除いて城を開け渡す結果となった。

一六〇〇年（慶長五）の関ヶ原の戦い以降、近世城郭は大改修され、創建当時のものは少なくなり、そのままの天守は一基も現存していない。

●江戸時代初期　築城の最盛期

関ヶ原の戦いの戦後処理で大名は配置換え（転封）になり、また徳川方の大名の禄高の加増もあって、江戸時代初期は全国的に築城が大盛況となり、築城ブームは一六一五年（慶長二〇）五月の大坂夏の陣まで続く。現在、全国の主要都市にみられる近世城郭のほとんどが、この時期に築かれたものである。

●築城の終焉《しゅうえん》　武家諸法度・一国一城令で幻の城へ

大坂夏の陣が終わると、武将たちの拠《よ》りどころであった城は姿を消していく。この年、閏《うるう》六月に幕府は一国一城令を発布し、一つの国（藩）に一つの城だけを認め、ほかは廃城にすることが命じられた。七月には「武家諸法度」を公布、新規の築城だけでなく、改修や修理も禁止されて築城は終焉を迎える。

大名たちの勢力増大を厳しく統制し、幕府の全国支配を強めるためであり、これによって全国に三〇〇〇あった城郭は一七〇城に激減、多くの城が廃城となった。合戦のない、平和な時代の近世城郭は、武士社会の象徴として存続していく。

●幕末の築城

幕末には欧米列強の脅威により、幕府は西欧の築城術を取り入れて稜堡《りょうほ》式（射撃・防御に有効な星形要塞《ようさい》）の城である「五稜郭《ごりょうかく》」や、海防のための砲台である「台場」を築く。これが築城の最後となった。

近代　一九世紀〜

戦の砦であった城、政庁として権力と栄華を誇った城、藩政の象徴だった城は、その歴史に幕が閉じられ、城に荒廃のときがやってきた。

●廃城令

明治維新に先立つ混乱で、壮大を誇った大坂城の本丸の櫓や城門は全焼。戊辰《ぼしん》戦争で会津若松城などが砲弾を浴びて大きく損傷した。

維新後、幕藩体制の権力の象徴だった近世城郭は不要となり、維持費の莫大《ばくだい》さから一八七三年（明治六）の廃城令と前後して城は取り壊されていく。城郭や御殿は競売にかけられて民間に買いとられ、あるいは薪として売られ、石垣の石も持ち去られる。

城址には軍施設や県庁など公共施設が建築され、石垣の取り壊しや堀の埋め立ては昭和になっても続き、破壊は徹底したものだった。

●空襲

かろうじて残っていた貴重な城郭も、第二次世界大戦の際、アメリカ軍の空襲によって焼失した。広島、福山（広島県）、大垣《おおがき》（岐阜県）、岡山、和歌山、名古屋、水戸（茨城県）の七城が失われ、そのほか多くの城門、櫓などが焼失してしまう。

首里城《しゅりじょう》（沖縄県）は米軍の上陸による砲撃で崩れ去った。現存する城郭建築は、ほんのわずかでしかない。

現代　一九四五年～

●戦後の再興

戦災で焼失した天守の再興を願う市民が多く、戦災焼失天守は水戸城を除いて、かつて名城とうたわれた六城すべての天守がコンクリート造りで再興された。木造による忠実な再建でなく、外観だけ復元されたものを「復興天守」という。

ほかにも西南戦争の際に焼失した熊本城天守、明治初期に取り壊された岡崎城《おかざきじょう》（愛知県）、小田原城などの天守、江戸時代に災害で失われた島原城《しまばらじょう》（長崎県）、小倉城《こくらじょう》（福岡県）などの天守もコンクリートで再興された。

天守が存在しなかった唐津城《からつじょう》（佐賀県）、富山城にまで天守が新築される。伏見城は遊園地施設として本来と異なる位置に天守が造られた。これらを「模擬天守」という。

こうした再興は、ニセモノ、歴史認識を誤る、文化財を壊すなどとして非難されることも多い。だが、第二次世界大戦で焼け野原となった国土から立ちあがろうとするとき、かつて町の象徴であった城郭を心の支えにと願った心情には頷《うなず》く思いも湧《わ》く。

白河小峰城《しらかわこみねじょう》（福島県）の実質上は天守であった三重櫓、掛川城《かけがわじょう》（静岡県）天守などは木造で旧来の通りの様式で復元されており、名城が刻んできた歴史と誇りを語る昔のままの姿を求めて訪問する城郭ファンは多い。耐震や防火の措置など、文化庁の基準にさまざまな制約があるのだが、城郭の在りし日を、そのままに見ることができるなら、「幻の城」ファンならずとも至福であるにちがいない。

近年、文化財保護の意識も高まり、また、復興天守や模擬天守が耐用年限を迎えていることもあって、城郭を往時の外見や建築法で復元しようとする動きが広まっている。一方で、長年にわたり町に活気をもたらした復興天守に愛着を示す声も少なくないという。

城をより深く理解するための基礎用語

縄張《なわばり》

城の設計をいう。土や石で囲った城地である曲輪《くるわ》や城壁の配置、堀の深さや幅など、城造りの基本になるものである。建築物の平面図は指図《さしず》という。

天守《てんしゅ》

城の本丸に建てられた城内でもっとも高い建物。物見櫓《やぐら》、城主の権威を示すシンボル、武器収納、攻撃されたときの最終防衛拠点としての意味を持つ。

史上初の天守を持つ城は織田信長の安土城とされるが、松永久秀が建てた信貴山城、多聞山城の四階の櫓が最初の天守だとする説もある。

望楼型…天守の一階または二階の屋根に入母屋造《いりもや》の大屋根がある。

層塔型…入母屋造の大屋根を持たない。

すべての城が天守を上げたわけではなく、焼失などののち、再建しなかった場合もある。「天守閣」という呼び方は江戸後期以降の俗称。

櫓《やぐら》

櫓は矢倉、矢蔵とも書いた。矢を収納しておく場所、矢を射る場所、陣地をいう。平時は武器庫、有事に際しては攻撃の陣地だった平櫓、二重櫓、三重櫓などがあり、望楼型のものと層塔型のものがあった。

曲輪（郭）

城を構成する区画を曲輪という。城の中心の曲輪を本丸（詰丸《つめのまる》・本城・実城《みじょう》）、それに続く曲輪が二の丸（二之丸・二ノ丸・二丸）、三の丸となる。本丸には政庁が置かれ、二の丸には城主の住まい、三の丸には重臣の屋敷を置くなどという使われ方をした。西にあれば西の丸、ほかの曲輪から突出していれば出の丸（出丸）といった。

帯曲輪、腰曲輪は本丸などの主要部分の周囲にある細長い曲輪。用途や方位などにより、さまざまな呼び方がある。円形だから曲輪といい、「〜丸」と名づけたという。発掘現場では本丸を本郭・主郭を第一郭、二の丸を第二郭と記す。

曲輪のならべ方は、代表的なものとして次の三種類がある。

図3　近世城郭の縄張

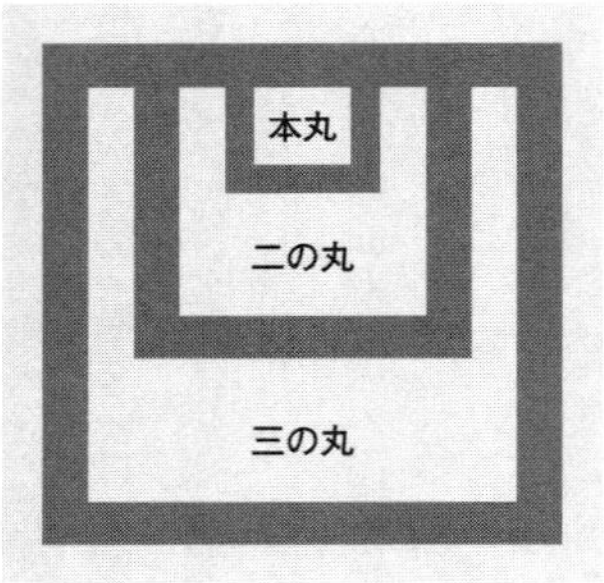

梯郭《ていかく》式——本丸の二方や三方を、二の丸が囲む縄張。

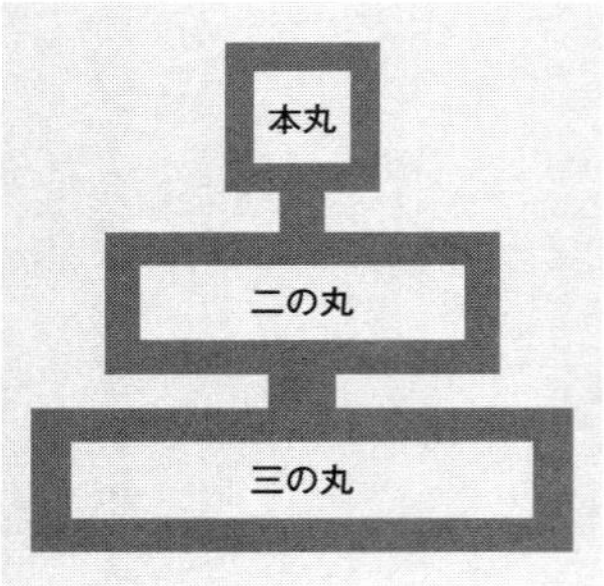

連郭《れんかく》式——本丸、二の丸、三の丸を一直線にならべた縄張。

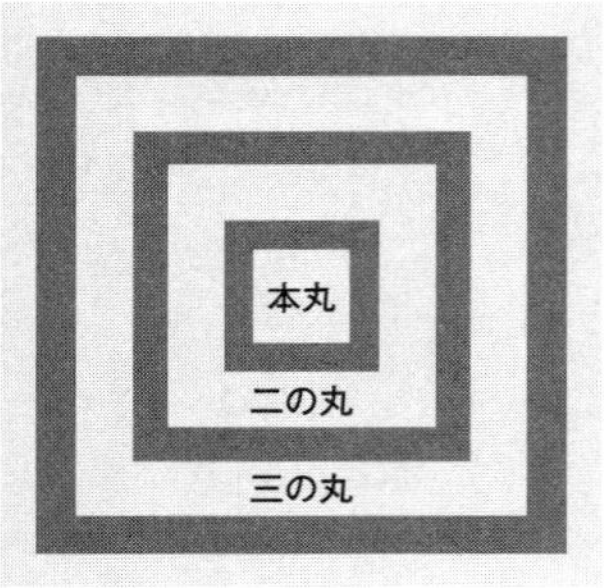

輪郭《りんかく》式——本丸の四方を二の丸、三の丸で完全に取り巻いた縄張。

虎口《こぐち》

曲輪の出入口を虎口という。通常、虎口には城門を建てる。虎口と横矢掛《よこやがかり》（弓矢や鉄砲で側面から襲撃すること）は城の縄張の要点である。虎口の内と外が一直線だと敵は侵入しやすいので、通路を曲げたり、枡形《ますがた》を築いて防備を固めた。

枡形…外門の内側を土塁、石垣、櫓門（櫓を上部に渡した門）で囲んで造った四辺形の空間をいう。敵の直進を阻み、横矢掛を可能にする。

馬出《うまだし》

虎口の外側を強力に守るために設けたもの。おもに関東、東海地方に見られる。騎馬武者五〇騎、一騎に四人の従者がつくため、計二五〇人を収容する広さが必要なので、およそ一〇〇坪ほどが標準だった。角馬出、丸馬出がある。

大手《おおて》と搦手《からめて》

もっとも重要な表口を大手（追手《おおて》）、次に重要な裏口を搦手という。大手に設けた門を大手

図4　虎口

桝形

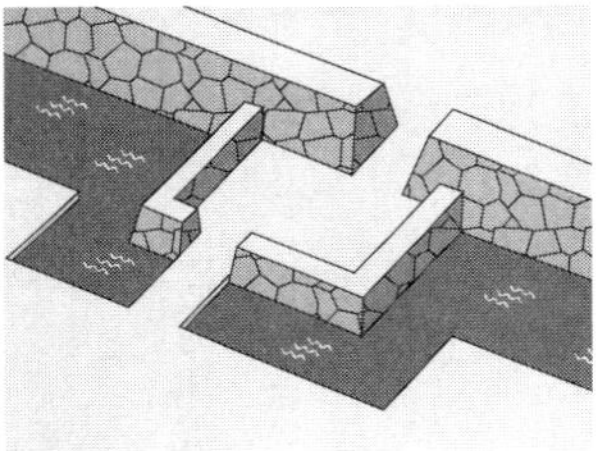

外桝形

外門の内側を土塁、石垣、櫓門で囲んで造った四辺形の空間。城の外側にあるものをいう。

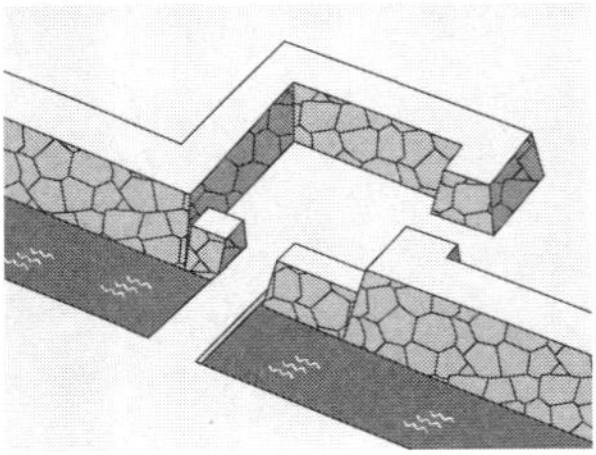

内桝形

城の内側にある四辺形の空間。外桝形同様、敵の直進を阻む。

屈折

食違

敵が一気に入れないよう虎口の内側に土塁や石垣を造ったり、通路を屈折させて敵が直進できないようにした食違虎口がある。

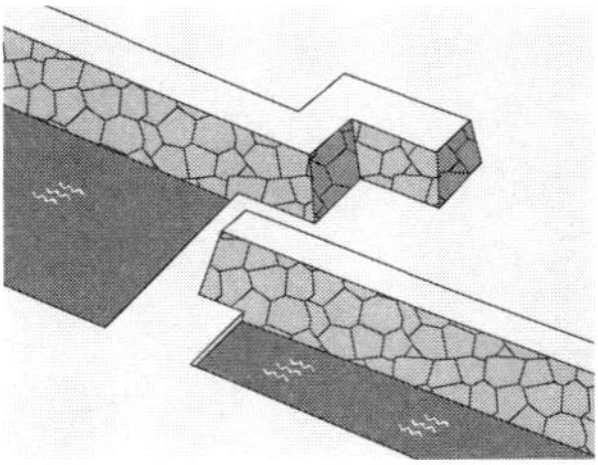

馬出

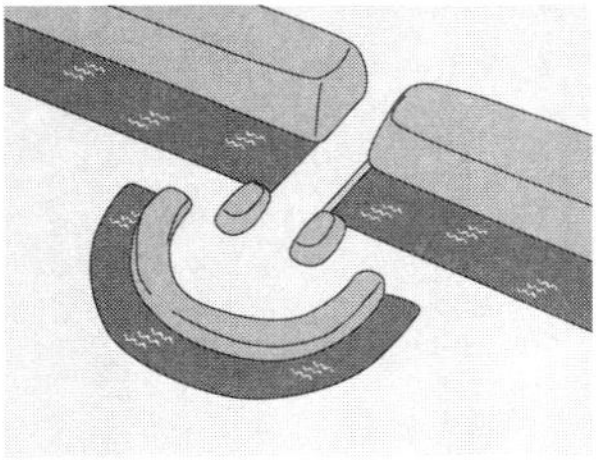

丸馬出

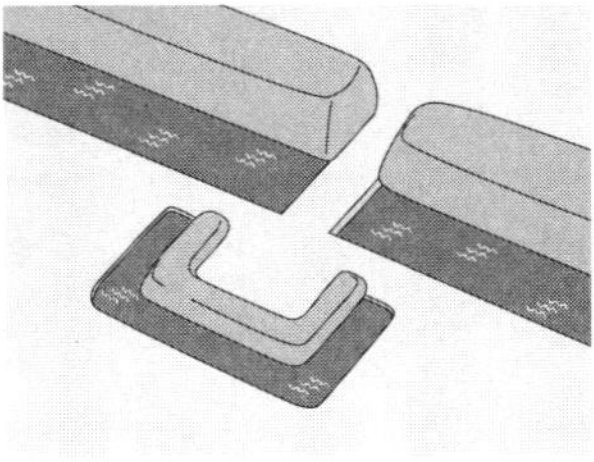

角馬出

門（追手門）といい、厳重に防備を固めるとともに大きく格調高い門を設け、権威を示した。搦手門は厳重であればよかった。

堀《ほり》（内堀・外堀・総堀・総構）

敵の侵攻をくい止めるには、高い城壁を築くか、深い溝を掘る。石で築いた城壁が石垣、土で築けば土塁（土居）、溝が堀である。石垣、土塁、堀を築くことを普請《ふしん》といい、築城工事の中心を占めた。

空堀《からぼり》…水のない堀。中世城郭の山城では水がためられないので空堀であった。

堀切《ほりきり》…山の尾根を横切って切断し、尾根筋からの敵の侵入を阻む。また、曲輪を区切る堀をいう。

竪堀《たてぼり》…山の斜面を縦に削って仕切り、横方向の移動を阻む。

切岸《きりぎし》…山城で山の斜面を削って急勾配の崖に整形したもの。

近世城郭では鉄砲の普及にともない、着弾を防ぐため堀の幅は広くなった。金沢城、福井城は四〇〜五〇間（一間は約一・八m）、高田城《たかだじょう》は八〇間。堀の深さは一間から二間が多く、三間になると最深である。

近世城郭は堀を多重にめぐらせる例が多く、二重の場合は内堀・外堀、三重の場合は内堀・中堀・外堀と呼ぶ。総堀は、ふつう外堀を意味するが、城によっては外堀の外側の城下町を囲う堀をいうこともある。防御のために城下町全体を総堀や土塁で囲んだものを総構《そうがまえ》（惣構）という。

土塁《どるい》（土居）

石垣は本丸や二の丸など、城の中心部に築かれたが、土塁は敵にまず直面する三の丸や外郭の防衛線として築かれた。関東や東北は中心部まで土塁で築いた城が多かった。

土塁と石垣の併用では、土塁の上部に築いた石垣を鉢巻石垣、土塁の下部に築いた石垣を腰巻石垣という。

石垣《いしがき》

一六世紀の戦乱の激化によって、近世城郭では、中世城郭の土塁を補強する目的で石垣が使われはじめた。

石垣は次の四種類が有名だ。

図5　石垣の種類

中世城郭では本丸や二の丸以外は土塁が築かれていたが、16世紀の戦乱の激化によって土塁を補強する目的で石垣が築かれるようになった。積みあげる石材の加工の程度によって分類される。

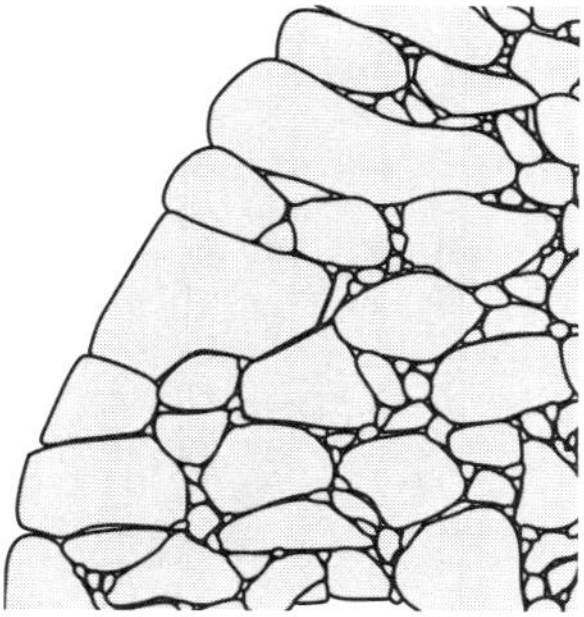

野面《のづら》乱積《らんづみ》

自然石をあまり加工せず、不ぞろいのまま積みあげる。

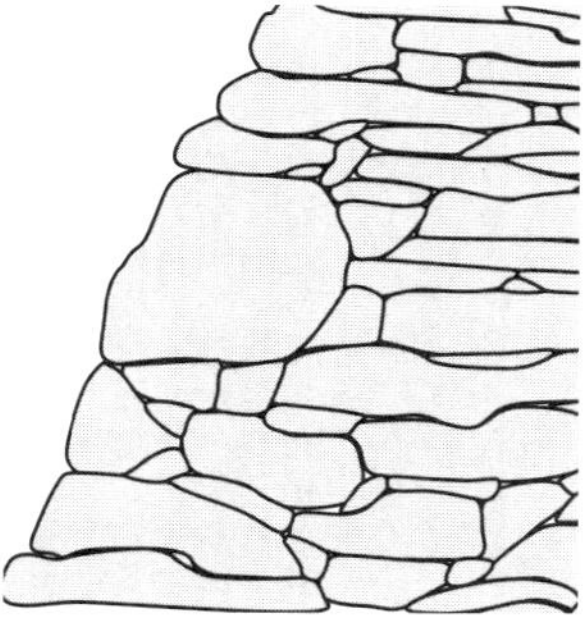

野面《のづら》布積《ぬのづみ》

加工しない自然石を横目地が通るように積みあげる。

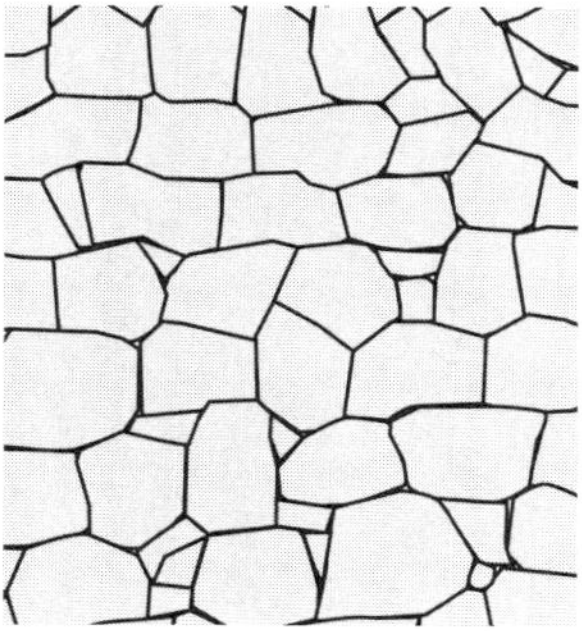

打込接《うちこみはぎ》

石の接合部分を加工し、隙間を減らしたもの。野面積にくらべて石が角ばっている。

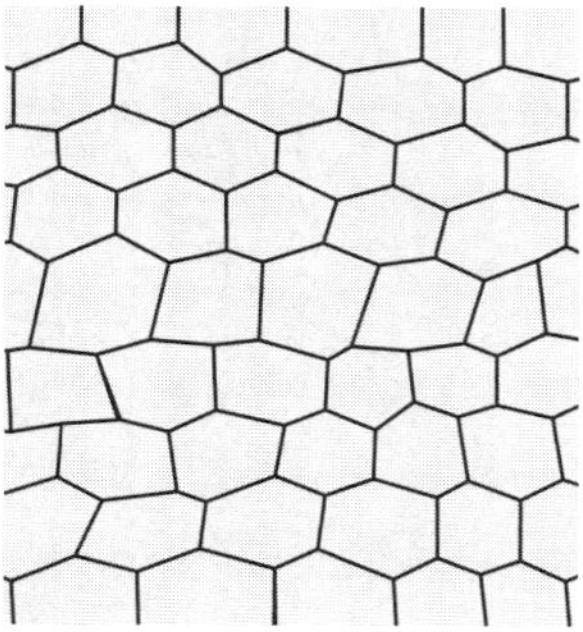

切込接《きりこみはぎ》

石を徹底的に加工し、隙間をまったくなくした積み方。江戸時代になって多用された。

積み方は大きく五つに分かれる。
布積《ぬのづみ》…横方向に石の列をそろえる。一段ずつ横にならべて据え、横目地を通す。
乱積《らんづみ》…横方向の列が乱れていれば乱積である。
谷積《たにづみ》…石を斜めにして積む。
亀甲積《きっこうづみ》…石を六角形に整形して積む。
笑積《わらいづみ》…巨石（鏡石）の周囲を多くの石で取り巻いて積み、見せ場とする。

穴太積《あのうづみ》

安土城の膨大な量の石垣を築いた技術者が穴太衆《あのうしゅう》と呼ばれる石工《いしく》集団だった。比叡山延暦寺《ひえいざんえんりゃくじ》の麓《ふもと》、近江国《おうみのくに》大津坂本の出身者で、古くから寺院の石工を務めていたが、高度な技術を買われて安土城の石垣普請を任された。その後、全国各地の石垣普請に召し抱えられる。

やや野面積のような打込接で、布積と乱積の中間のような積み方である。昭和になってから「穴太積」と呼ばれるようになった。穴太衆は野面積、打込接、布積、乱積と、すぐれた技術力でなんでもこなした。

築城工事の棟梁《とうりょう》

築城は大工の棟梁の指揮によって、多くの大工衆を動員して行われた。棟梁は、いわば築城軍の軍師であり大将であり、すぐれた技術を持つ棟梁や大工たちは貴重な存在であった。現代に名を残すのは、信長の大型軍船や安土城天主を建造した熱田《あつた》神宮（名古屋市）の宮大工岡部《おかべ》又右衛門《またえもん》、徳川家康のお抱え大工となった法隆寺（奈良県）の宮大工中井正清《なかいまさきよ》、信長の京屋敷建設を担当した鹿苑寺金閣《ろくおんじきんかく》（京都市）の建築者池上五郎右衛門《いけがみごろうえもん》などで、豪壮な寺院の堂塔建築が城郭建築に活用された。岡部は正七位修理亮《しょうしちいしゅりのすけ》、中井は従四位下大和守《じゅしいげやまとのかみ》の官位と一〇〇〇石の知行（家臣に給された領地。池上家は江戸時代には御扶持人棟梁《ごふちにんとうりょう》として七〇石の知行）を受けたという。ただし宮大工・船大工という呼称はあるが城大工という呼称はない。

城全体の縄張、各建築物の指図を考案し、家臣屋敷の配置、城下町の設計などに携わる棟梁は、これら重要機密を熟知しており、抱え主である大名たちの側近中の側近だったのである。

あとがき

古代から近世まで、長い歴史を歩んで残る城跡は四万とも五万ともいう。そういえば近所の社の森に土塁らしきものがあった、あれも城跡だと気づく。そうした無数の遺構からすれば実にわずかだが、古城へと多くの旅をした。あれやこれや数えれば二百ヵ所近くにもなるだろうか。

近ごろは城郭ファンの幅が広がり、建物跡もなく、石垣さえない戦国期の城跡にも関心が持たれるようになった。敗将に心を寄せ、ゆかりの城を訪ねる人もふえたという。天守や櫓《やぐら》のそびえる近世の城も、もちろん人気が高い。城址《じょうし》の保存や整備に結びついていくよう願ってやまない。

城址めぐりのタイムトラベルは、地図を片手の第一歩から始まる。行く手のこんもりとした木立が城跡だろうか。期待に弾み、道を折れ、ふいに石垣や土塁が姿をあらわすと、出合えたよろこびが込みあげる。なぜ、この場所に築城されたのか、どんな設計で曲輪《くるわ》が置かれ、建物はどんな配列だったろうか。まずは虎口《こぐち》と土塁があれば城は成り立つ。堀は、石垣は、土橋はと、過去への旅に夢中になる。

城は命や財産を守ろうという目的をもって設けられた構造物だが、それだけではない。動乱をかいくぐった城跡には、たくさんの栄光や激闘のドラマが刻まれている。北海道のチャシ群はアイヌ民族が築いてきた特有の文化を秘め、和人との果敢な戦いを語る。沖縄の山裾の祠《ほこら》は戦から逃れた王女が身を寄せた城跡だと、サトウキビを刈る人が指差す。

あるときは、崩れそうな石垣に紅葉が小止《こや》みなく舞いかかっていた。激戦に散った領主一族への鎮魂のようであった。またあるときは、わずかな高まりをとどめる木立のなかの本丸跡に雪が降りしきっていた。城将は敗れ、妻は勝者に連れ去られていったという。早春の昼下がり、大手口跡の巨石は陽《ひ》にぬくもっていた。栄華をきわめ、やがて海の果てに島流しになった名将の城である。湖水の岸辺に、いくつかの礎石が波に洗われていた。異国人に絶賛された華麗な城のいまの姿だ。数百年の時が流れ、勝者も敗者もなく、城はただ残影だけをとどめている。

城址に残る質朴な美、あるいは豪壮なたたずまいに魅了されながらも、哀愁が込みあげてくる。唱歌「荒城の月」や歌謡「古城」の切々としたメロディーが耳もとによみがえり、栄枯盛衰のひとこまが脳裏を駆け抜けるからかもしれない。

武将たちの足音が響いた曲輪、勝どきをあげ、勝利の美酒に酔った館《やかた》、無念を噛みしめて散った砦《とりで》、女たちが愛《いと》しい人を想いたたずんだ望楼、寄せ来る敵に負けじと若武者が矢をつがえた城門。城をめぐれば、生と死を懸けた人びとのいとなみが、熱く迫ってくる。こんなひとときに会いたくて、これからも城跡をめぐっていくことだろう。

本書の執筆にあたり、現地役所の教育委員会や観光課、郷土の博物館や資料館などで、多くの方々にご教示をいただいたことを思い起こします。また、各所で刊行された城郭資料、冊子などに学ばせていただきました。お訪ねしたのは、古くは十余年も前から、つい昨年に至ります。お会いした皆様に厚く御礼申し上げます。

また、本書の刊行にあたり、集英社新書編集部の穂積敬広様、編集に携わった加藤真理様にひとかたならぬご尽力をいただきました。ありがとうございました。

二〇一七年三月

山名美和子

参考資料

『城郭と城下町』全10巻　小学館　一九八三〜一九八四年
『週刊　名城をゆく』全50巻　小学館　二〇〇四〜二〇〇五年
『城のつくり方図典』三浦正幸　小学館　二〇〇五年
『オールカラーでわかりやすい！　日本の城』中山良昭　西東社　二〇一五年
『城郭　探検倶楽部』中井均　加藤理文　新人物往来社　二〇〇三年
『【イラスト図解】お城の見方・歩き方』小和田哲男監修　ＰＨＰエディターズ・グループ　二〇一〇年
『城の語る日本史』佐原真　春成秀爾　白石太一郎　阿部義平　岡田茂弘　石井進　千田嘉博　小島道裕
朝日新聞出版　一九九六年
『日本１００名城　公式ガイドブック』財団法人日本城郭協会監修　学研プラス　二〇〇七年
『ビジュアル百科　日本の城１０００城　1冊でまるわかり！』大野信長　有沢重雄　加藤亜紀
西東社　二〇一二年
『琉球王国の歴史』佐久田繁編著　月刊沖縄社　二〇〇四年
『琉球王国のグスク』中田真二　高橋一正　中田弘二　東京地図出版　二〇〇八年
『新　琉球王統史２　察度王、南山と北山』与並岳生　新星出版　二〇〇五年
『新　琉球王統史４　護佐丸・阿摩和利・鬼大城・尚徳王』与並岳生　新星出版　二〇〇五年

写真提供

アフロ
【P19】安土城跡 大手道、【P20】安土城跡 天主閣跡の礎石、【P71】小田原城天守、【P203】モシリヤ砦跡
朝日新聞社
【P23】安土城 天主模型、【P91】江戸城上空、【P193】丸岡城、【P197】備中松山城、【P209】首里城
長浜市歴史遺産課
【P32、33】小谷城
朝倉氏遺跡保存協会
【P38】一乗谷館下城戸
吉田利栄
【P50】竹田城
柴田勉
【P122】八王子城虎口、【P123】滝

＊右に記したものを除き、著者撮影

山名美和子（やまな　みわこ）

東京都生まれ。早稲田大学第一文学部卒業後、東京・埼玉の公立学校教員を経て作家に。一九九四年、『梅花二輪』で第一九回歴史文学賞入賞。著書に『甲斐姫物語』（鳳書院）、『乙女《ヒロイン》でたどる日本史』（大和書房）、『恋する日本史　やまとなでしこ物語』『真田一族と幸村の城』（KADOKAWA）、『直虎の城』（時事通信社）、共同執筆に『週刊　名城をゆく』（小学館）、『週刊　名将の決断』（朝日新聞出版）など多数。日本文藝家協会会員・日本ペンクラブ会報委員会委員。

列《れっ》島《とう》縦《じゅう》断《だん》「幻《まぼろし》の名《めい》城《じょう》」を訪《たず》ねて　集英社新書〇八七九D

二〇一七年四月一九日　第一刷発行

著者……山《や》名《な》美《み》和《わ》子《こ》

発行者……茨木政彦

発行所……株式会社集英社

東京都千代田区一ッ橋二-五-一〇　郵便番号一〇一-八〇五〇

電話　〇三-三二三〇-六三九一（編集部）
〇三-三二三〇-六〇八〇（読者係）
〇三-三二三〇-六三九三（販売部）書店専用

装幀……原　研哉　組版……MOTHER

印刷所……凸版印刷株式会社

製本所……株式会社ブックアート

定価はカバーに表示してあります。

ISBN 978-4-08-720879-5 C0221　Printed in Japan

a pilot of wisdom